改訂新版

まるごと授業 国語 6年（上）

喜楽研の
QRコードつき授業シリーズ

板書と展開がよくわかる

著者：松森 靖行・入澤 佳菜・江﨑 高英・鈴木 啓史・羽田 純一

寄稿文著者：菊池 省三・岡 篤

企画・編集：原田 善造

わかる喜び学ぶ楽しさを創造する教育研究所　略称 喜楽研

はじめに

　書店の教育書コーナーを見渡すと，様々なタイトルの教育書が目に入ります。「自由進度学習」「個別最適化」「主体的で対話的な…」「教育DX」「STEAM教育」「教師が教えない授業」「指導と評価の一体化」「時短」など，多種多様なジャンルの教育書が発行されています。また，ネットで多くの先生方が，自分の実践や理論を配信されています。いろんな教育書やネット情報の中で，どれを選択すればよいのか迷ってしまうことでしょう。

　また，忙しい教師の仕事内容が新聞やテレビなどで大きなニュースになっています。そして，それに対する「働き方改革」などが叫ばれています。しかし，教師が子どもたちのためにしなくてはいけないことは，日を追うごとに増えているのが現状です。

　そんな多忙な中にあっても，「日々の授業」を大切に，より充実したものにしたいという先生方のご期待に応えて，本書を作り上げました。

　執筆者の願いは，

　本書1冊あれば，「豊かな授業ができる！」

　　　　　　　　　「楽しい授業ができる！」

　　　　　　　　　「子どもと先生の笑顔があふれる！」というものです。

　今回の「喜楽研のQRコードつき授業シリーズ　改訂新版　板書と授業展開がよくわかるまるごと授業　国語」の特徴は以下の3つです。

① 板書がすごい！

　　見開き2ページで，明日の授業の流れやポイントがすぐにわかります。今回の改訂新版では，先生方にとって，より板書をわかりやすく，そして，自分が工夫をする余地があるようにしました。時間がないときは，そのまま活用してください。時間に余裕があるときは，自分なりに工夫を付け加えてもよいでしょう。

② QRコードの資料がすごい！

　　以前は，DVDで各単元の資料データを閲覧することができました。この改訂新版からは，QRコードで効率的に全ての資料を入手し，簡単に工夫を加えて使用することができます。

③ ICTがすごい！

　　各時間に，ICTの活用について紹介しています。今やICTなしでは授業は成立しません。まずは，書いていることをやってみましょう。

　日々の授業や，その他の教育活動に全力で取り組まれている先生方に敬意を表し，この本が，全ての先生と子どもたちの幸せにつながることを願っています。

本書の特色

全ての単元・全ての授業の指導の流れがわかる

　学習する全単元・全授業の進め方を掲載しています。学級での日々の授業や参観日の授業，研究授業や指導計画作成等の参考にしてください。

　本書の各単元の授業案の時数は，ほぼ教科書の配当時数にしてあります。

1時間の授業展開例を，大きな板書例を使って見開き2ページで説明

　実際の板書がイメージできるように，板書例を2色刷りで大きく掲載しています。また，細かい指導の流れについては，詳しい展開例で説明しています。

　どのような発問や指示をすればよいかが具体的にわかります。先生方の発問や指示の参考にしてください。

QRコンテンツの利用で，わかりやすく楽しい授業，きれいな板書づくりができる

　各授業展開のページのQRコードに，それぞれの授業で活用できる画像やイラスト，ワークシートなどのQRコンテンツを収録しています。印刷して配布するか，タブレットなどのデジタル端末に配信することで，より楽しくわかりやすい授業づくりをサポートします。画像やイラストは大きく掲示すれば，きれいな板書づくりにも役立ちます。

ICT活用のアイデアも掲載

　それぞれの授業展開に応じて，ICTで表現したり発展させたりする場合のヒントを掲載しています。学校やクラスの実態にあうICT活用実践の参考にしてください。

菊池 省三・岡 篤の授業実践の特別映像を収録

　菊池 省三の「対話・話し合いのある授業」についての解説付き授業映像と，岡 篤の各学年に応じた「指導のコツ」の講義映像を収録しています。映像による解説はわかりやすく，日々の授業実践のヒントにしていただけます。また，特別映像に寄せて，解説文を巻頭ページに掲載しています。

6 年上（目次）

QR コンテンツについて

　授業内容を充実させるコンテンツを多数
ご用意しました。右の QR コードを読み取る
か下記 URL よりご利用ください。

URL：https://d-kiraku.com/4644/4644index.html
ユーザー名：kirakuken
パスワード：aM6Rw8

※各解説や授業展開ページの QR コードからも，それぞれの時間で活用できる QR コン
テンツを読み取ることができます。
※上記 URL は，学習指導要領の次回改訂が実施されるまで有効です。

6 年（上）の授業（指導計画／授業展開・板書例）

視点や作品の構成に着目して読み，印象に残ったことを伝え合おう
帰り道

インタビューをして，自分の考えと比べながら聞こう
聞いて，考えを深めよう

本書の使い方

◆板書例について

　大きな「板書例」欄で，授業内容や授業の流れを視覚的に確認できるよう工夫しています。板書に示されている❶〜❹のマークは，下段の授業展開の **1 〜 4** の数字に対応しています。実際の板書に近づけるため，特に目立たせたいところは赤字で示したり，傍線を引いたりしています。QR コンテンツのイラストやカード等を利用すると，手軽に，きれいな板書ができあがります。

◆ POINT について

　この授業の指導において，特に必要な視点や留意点について掲載しています。

◆授業の展開について

①1 時間の授業の中身を 4 コマの場面に切り分け，およその授業内容を表示しています。

②本文中の T 表示は，教師の発問です。

③本文中の C 表示は，教師の発問に対する児童の反応等です。

④T や C がない文は，教師への指示や留意点などが書かれています。

⑤その他，児童のイラスト，吹き出し，授業風景イラスト等を使って各展開の主な活動内容やポイントなどを表し，授業の進め方をイメージしやすいように工夫しています。

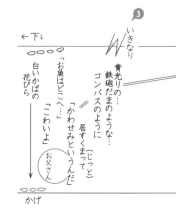

やまなし
第❸時 (3/8)

本時の目標：「五月」の幻灯に出てくる情景や出来事を，言葉や比喩表現に着目して読み，この場面について自分の考えをメモすることができる。

板書例

❹
〈「五月」の谷川の底を見て〉
・暗くなったり明るくなったり
・クラムボン＝笑ったり死んだり
・こわいてきこと ←→ きれいな花びら
　（かわせみと魚の死）

◇ 自分の考えをメモしよう
☆ 特徴的な表現から

※児童の発表を板書する。

❸
いきなり
青光りの…
鉄砲だまのような…
コンパスのように
　居すくまって（じっと）
「お魚はどこへ…」「こわいよ」
白いかばの花びら
←下↓
お父さん
かげ

POINT　かにといっしょに，谷川の底を見ているという視点で読ませる。だから「クラムボンとは何か」についても，かにの目に

1　幻灯の「五月」の場面を読み，視点を図で整理しよう。

T　音読しましょう。見た景色や出てくるもの，出来事，かにの会話を読み，谷川の底の様子を想像しましょう。

　様子（情景），かに，出来事の 3 つの観点で読む。3 つの記号をつけたり，線を引かせたりしてもよい。

T　幻灯に写った谷川の底は，どこから見ている景色や様子なのでしょうか。

水の底から，横や上（＝天井）を見ています。

かにと同じところから見ています。

幻灯の視点を確かめ，それぞれの視点を板書する。

T　「上」（かみ，うえ）や「下」（しも，した）という言葉が出てきます。図で整理しておきましょう。

　川の流れに合わせて，板書の図で説明する。

2　「五月」の前半の文から，谷川の様子を読み取ろう。

T　「五月」の谷川の様子はどのように見えたのか，116 ページ 10 行目まで読みましょう。まず出てきたものは何だったのでしょう。

C　クラムボンという「生き物」がいます。
C　1 匹の魚も泳いでいます。

T　まわりの景色はどのように見えたのでしょう。

「青く暗く鋼のよう」「つぶつぶ暗い泡」が暗い感じ。

「日光の黄金は，夢のように」明るいです。

「光の網」「かげの棒」も見えます。

文に即して話し合い，情景を想像させる。

T　かにの兄弟は，何をしていましたか。
C　クラムボンや魚を見て，話をしています。

　クラムボンは「かにの言葉」である。「どんなもの」なのかは，「笑うもの」「死ぬもの」などと言える。

182

6

◆準備物について

1時間の授業で使用する準備物が書かれています。準備物の一部は，QR コンテンツ（QRマークが付いたもの）として収録されています。準備物の数や量は，児童の人数やグループ数などでも異なってきますので，確認して準備してください。

◆ ICT について

ICT 活用の参考となるように，この授業展開，または授業内容に応じて，ICT で表現したり発展させたりする場合のヒントを掲載しています。

◆ QR コード・QR コンテンツについて

QR コードからは，この授業展開に活用できる QR コンテンツを読み取ることができます。必要に応じて，ダウンロードしてください。

「準備物」欄の QR マークが付いている資料には，授業のための画像，ワークシート，黒板掲示用イラスト，板書作りに役立つカード等があります。実態にあわせて，印刷したり，タブレットに配信するなど活用してください。

（QR コンテンツの内容については，本書 P8，9 で詳しく紹介しています）

※ QR コンテンツがない時間には，QR コードは記載されていません。
※ QR コンテンツを読み取る際には，パスワードが必要です。パスワードは本書 P4 に記載されています。

| 準備物 | ・ワークシート QR |

| ICT | 「五月」の様子を読み取り，タブレットのシートに絵をそれぞれが描く。その絵を共有し，お互いに説明させると，お互いの読みの違いや内容の理解が深まる。 |

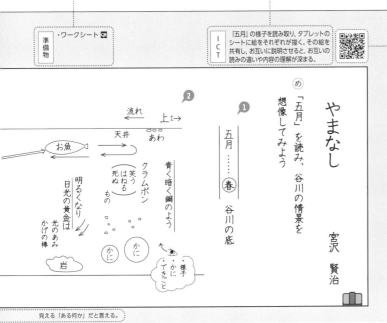

❶
め 「五月」を読み、谷川の情景を想像してみよう。

五月……春 谷川の底

やまなし

宮沢 賢治

❷
流れ
上→
天井
あわ
お魚
青く暗く鋼のよう
クラムボン
笑う
はねる
死ぬ
もの
かに
かに
かに
様子
かに
できごと
明るくなり
日光の黄金は
光のあみ
かげの棒
岩

見える「ある何か」だと言える。

---

3 「五月」の後半で，かにが見た出来事とその後の様子を読み取ろう。

T かにの兄弟が見た出来事は何だったのでしょう。「そのときです。」（P116L12）から読みます。（範読）
ここも，かに側の視点で書かれている。

T これは，外から見るとどんな出来事を表しているでしょう。「青光りの…鉄砲玉のような」「コンパスのように」とは，何のことでしょう。

コンパスは，きっとかわせみのくちばしだよ。

泳いでいた魚が，かわせみに捕えられたことじゃないかな。

T その後の，かにと谷川の様子も発表しましょう。
再度 P116L1-P118（「五月」の最後まで）を音読する。おびえたかにの様子と，お父さんの言葉，かば（山桜）の花びらが流れてきたことを想像させ，情景を話し合わせる。読み取ったことは全体で板書にまとめていく。

4 「五月」に描かれていることを表に整理して，交流しよう。

T かにといっしょに，五月の谷川の底を見て，どう思いましたか。

暗くなったり，明るくなったり，上を魚が泳いだりと，水の底にいるようでした。

魚が急にいなくなるのを見て，怖い思いをしました。

「五月」を読んだ感想を交流してもよい。

T みんなで読んだ「五月」の様子と出来事を，板書を参考に，特徴的な表現も書き出して表に書きまとめましょう。
ノートかワークシート QR に書かせる。

T この谷川の様子や出来事が他の人にも伝わるように書くことができるかな。

T この勉強の最後に自分が考えたことを文章にまとめて交流します。今日の学習で考えたことや感じたことを忘れないようにメモしておきましょう。

◆赤のアンダーラインについて

本時の展開で特に大切な発問や留意点にアンダーラインを引いています。

やまなし／イーハトーヴの夢　183

QRコンテンツの利用で，
楽しい授業・わかる授業ができる

菊池 省三・岡 篤の教育実践の「特別映像」収録

　菊池 省三の「対話・話し合いのある授業」についての解説付き映像と，岡 篤の各学年に応じた「指導のコツ」の講義映像を収録しています。動画による解説はわかりやすく，日々の授業実践のヒントにもなります。

参考になる「ワークシート見本」「資料」の収録

　授業の展開で使えるワークシート見本を収録しています。（全ての時間には収録されていません）また，教材や授業展開の内容に沿った資料が収録されている単元もあります。クラスの実態や授業内容に応じて，印刷して配布するかタブレットなどのデジタル端末に配信するなどして，活用してください。

授業で使える「画像」「掲示用イラスト」「カード」収録

◇ 画像

◇ 掲示用イラスト

◇ 言葉（漢字）カード

　文章や口頭では説明の難しい内容は，画像やイラストで見せるとわかりやすく説明できます。視覚にうったえかけることで，授業の理解を深めます。

　また，板書をするときにイラストやカードを使うと，見栄えがします。チョークでかいた文字だけの板書よりも，簡単に楽しくきれいな板書ができあがります。

※ QR コードから QR コンテンツを読み取る際には，パスワードが必要です。パスワードは本書 P4 に記載されています。

対話・話し合いのある授業に，一歩踏み出そう

菊池　省三

　教育の世界は，「多忙」「ブラック」と言われています。不祥事も後を絶ちません。

　しかし，多くの先生方は，子どもたちと毎日向き合い，その中で輝いています。やりがいや生きがいを感じながら，がんばっています。

　このことは，全国の学校を訪問して，私が強く感じていることです。

　先日，関西のある中学校に行きました。明るい笑顔あふれる素敵な学校でした。

　3年生と授業をした後に，

「気持ちのいい中学生ですね。いい学校ですね」

と話した私に，校長先生は，

「私は，子どもたちに支えられています。子どもたちから元気をもらっているのです。

　我々教師は，子どもたちと支え合っている，そんな感じでしょうか」

と話されました。なるほどと思いました。

　四国のある小学校で，授業参観後に，

「とてもいい学級でしたね。どうして，あんないい学級が育つのだろうか」

ということが，参観された先生方の話題になりました。担任の先生は，

「あの子たち，とてもかわいいんです。かわいくて仕方ないんです」

と，幸せそうな笑顔で何度も何度も話されていました。

　教師は，子どもたちと一緒に生きているのです。担任した1年間は，少なくとも教室で一緒に生きているのです。

　このことは，とても尊いことだと思います。「お互いに人として，共に生きている」……こう思えることが，教師としての生きがいであり，最高の喜びだと思います。

　私自身の体験です。数年前の出来事です。30年以上前に担任した教え子から，素敵なプレゼントをもらいました。ライターになっている彼から，「恩師」である私の本を書いてもらったのです。たった1年間しか担任していない彼からの，思いがけないプレゼントでした。

　教師という仕事は，仮にどんなに辛いことがあっても，最後には「幸せ」が待っているものだと実感しています。

　私は，「対話・話し合い」の指導を重視し，大切にしてきました。

　ここでは，悪しき一斉指導からの脱却を図るために，ポイントとなる6つの取り組みについて説明します。

1. 価値語の指導

　荒れた学校に勤務していた20数年前のことです。私の教室に参観者が増え始めたころです。ある先生が,

　「菊池先生のよく使う言葉をまとめてみました。菊池語録です」

と，私が子どもたちによく話す言葉の一覧を見せてくれました。

　子どもたちを言葉で正す，ということを意識せざるを得なかった私は，どちらかといえば父性的な言葉を使っていました。

- ・私，します。
- ・やる気のある人だけでします。
- ・心の芯をビシッとしなさい。
- ・何のために小学生をしているのですか。
- ・さぼる人の2倍働くのです。
- ・恥ずかしいと言って何もしない。
  　それを恥ずかしいというんです。

といった言葉です。

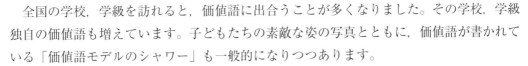

　このような言葉を，私だけではなく子どもたちも使うようになりました。

　価値語の誕生です。

　全国の学校，学級を訪れると，価値語に出合うことが多くなりました。その学校，学級独自の価値語も増えています。子どもたちの素敵な姿の写真とともに，価値語が書かれている「価値語モデルのシャワー」も一般的になりつつあります。

　知的な言葉が生まれ育つ教室が，全国に広がっているのです。対話・話し合いが成立する教室では，知的な言葉が子どもたちの中に植林されています。だから，深い学びが展開されるのです。

　教師になったころに出合った言葉があります。大村はま先生の「ことばが育つとこころが育つ　人が育つ　教育そのものである」というお言葉です。忘れてはいけない言葉です。

　「言葉で人間を育てる」という菊池実践の根幹にあたる指導が，この価値語の指導です。

2. スピーチ指導

　私は，スピーチ指導からコミュニケーション教育に入りました。自己紹介もできない6年生に出会ったことがきっかけです。

　お師匠さんでもある桑田泰助先生から，

　「スピーチができない子どもたちと出会ったんだから，1年かけてスピーチができる
　　子どもに育てなさい。走って痛くなった足は，走ってでしか治せない。挑戦しなさい」
という言葉をいただいたことを，30年近くたった今でも思い出します。

　私が，スピーチという言葉を平仮名と漢字で表すとしたら，

　『人前で，ひとまとまりの話を，筋道を立てて話すこと』

とします。

　そして，スピーチ力を次のような公式で表しています。

　『スピーチ力＝（内容＋声＋表情・態度）×思いやり』

　このように考えると，スピーチ力は，やり方を一度教えたからすぐに伸びるという単純なものではないと言えます。たくさんの要素が複雑に入っているのです。ですから，意図的計画的な指導が求められるのです。そもそも，コミュニケーションの力は，経験しないと伸びない力ですからなおさらです。

　私が，スピーチ指導で大切にしていることは，「失敗感を与えない」ということです。学年が上がるにつれて，表現したがらない子どもが増えるのは，過去に「失敗」した経験があるからです。ですから，

　「ちょうどよい声で聞きやすかったですよ。安心して聞ける声ですね」
　「話すときの表情が柔らかくて素敵でした。聞き手に優しいですね」
　「笑顔が聞き手を引きつけていました。あなたらしさが出ていました」
　「身ぶり手ぶりで伝えようとしていました。思いが伝わりましたよ」
などと，内容面ばかりの評価ではなく，非言語の部分にも目を向け，プラスの評価を繰り返すことが重要です。適切な指導を継続すれば必ず伸びます。

3. コミュニケーションゲーム

　私が教職に就いた昭和50年代は，コミュニケーションという言葉は，教育界の中では
ほとんど聞くことがありませんでした。「話し言葉教育」とか「独話指導」といったもの
でした。

　平成になり，「音声言語指導」と呼ばれるようになりましたが，その多くの実践は音読
や朗読の指導でした。

　そのような時代から，私はコミュニケーションの指導に力を入れようとしていました。
しかし，そのための教材や先行実践はあまりありませんでした。私は，多くの書店を回り，
「会議の仕方」「スピーチ事例集」といった一般ビジネス書を買いあさりました。指導の
ポイントを探すためです。

　しかし，教室で実践しましたが，大人向けのそれらをストレートに指導しても，小学生
には上手くいきませんでした。楽しい活動を行いながら，その中で子どもたち自らが気づ
き発見していくことが指導のポイントだと気がついていきました。子どもたちが喜ぶよう
に，活動をゲーム化させる中で，コミュニケーションの力は育っていくことに気づいた
のです。

　例えば，対決型の音声言語コミュニケーションでは，

・問答ゲーム（根拠を整理して話す）

・友だち紹介質問ゲーム（質問への抵抗感をなくす）

・でもでもボクシング（反対意見のポイントを知る）

といった，対話の基本となるゲームです。朝の会や帰りの会，ちょっとした隙間時間に行
いました。コミュニケーション量が，「圧倒的」に増えました。

　ゆるやかな勝ち負けのあるコミュニケーションゲームを，子どもたちは大変喜びます。
教室の雰囲気がガラリと変わり，笑顔が
あふれます。

　コミュニケーション力は，学級のイン
フラです。自分らしさを発揮して友だち
とつながる楽しさは，対話・話し合い活
動の基盤です。継続した取り組みを通し
て育てたい力です。

4. ほめ言葉のシャワー

　菊池実践の代名詞ともいわれている実践です。
30年以上前から行っている実践です。

　2012年にNHK「プロフェッショナル仕事の流儀」で取り上げていただいたことをきっかけに，全国の多くの教室で行われているようです。

　「本年度は，全校で取り組んでいます」
　「教室の雰囲気が温かいものに変わりました」
　「子どもたちも大好きな取り組みです」
といった，うれしい言葉も多く耳にします。

　また，実際に訪れた教室で，ほめ言葉のシャワーを見せていただく機会もたくさんあります。どの教室も笑顔があふれていて，参観させていただく私も幸せな気持ちになります。

　最近では，「ほめ言葉のシャワーのレベルアップ」の授業をお願いされることが増えました。

　下の写真がその授業の板書です。内容面，声の面，表情や態度面のポイントを子どもたちと考え出し合って，挑戦したい項目を自分で決め，子どもたち自らがレベルを上げていくという授業です。

　どんな指導も同じですが，ほめ言葉のシャワーも子どもたちのいいところを取り上げ，なぜいいのかを価値づけて，子どもたちと一緒にそれらを喜び合うことが大切です。

　どの子も主人公になれ，自信と安心感が広がり，絆の強い学級を生み出すほめ言葉のシャワーが，もっと多くの教室で行われることを願っています。

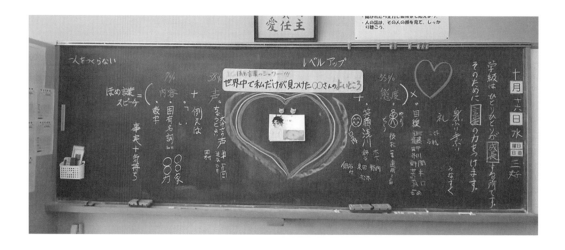

5. 対話のある授業

　菊池実践の授業の主流は，対話のある授業です。具体的には，

・自由な立ち歩きのある少人数の話し合いが行われ

・黒板が子どもたちにも開放され

・教師が子どもたちの視界から消えていく

授業です。教師主導の一斉指導と対極にある，子ども主体の授業です。

　私は，対話の態度目標を次の3つだと考えています。

① しゃべる

② 質問する

③ 説明する

　それぞれの技術指導は当然ですが，私が重視しているのは，学級づくり的な視点です。以下のような価値語を示しながら指導します。例えば，

・自分から立ち歩く

・一人をつくらない

・男子女子関係なく

・質問は思いやり

・笑顔でキャッチボール

・人と論を区別する

などです。

　対話のある授業は，学級づくりと同時進行で行うべきだと考えているからです。技術指導だけでは，豊かな対話は生まれません。形式的で冷たい活動で終わってしまうのです。

　学級づくりの視点を取り入れることで，子どもたちの対話の質は飛躍的に高まります。話す言葉や声，表情，態度が，相手を思いやったものになっていきます。聞き手も温かい態度で受け止めることが「普通」になってきます。教室全体も学び合う雰囲気になってきます。学び合う教室になるのです。

　正解だけを求める授業ではなく，一人ひとりが考えの違いを出し合い，新たな気づきや発見を大事にする対話のある授業は，学級づくりと連動して創り上げることが大切です。

6. ディベート指導

私の学級の話し合いは，ディベート的でした。子どもたちの意見が分裂するような発問をもとに，その後の話し合いを組織していたのです。

私は，スピーチ指導から子どもたちの実態に合わせて，ディベート指導に軸を移してきました。その理由は，ディベートには安定したルールがあり，それを経験させることで，対話や話し合いに必要な態度や技術の指導がしやすいからです。

私は，在職中，年に2回ディベート指導を計画的に行っていました。

1回目は，ディベートを体験することに重きを置いていました。1つ1つのルールの価値を，学級づくりの視点とからめて指導しました。

例えば，「根拠のない発言は暴言であり，丁寧な根拠を作ることで主張にしなさい」「相手の意見を聞かなければ，確かな反論はできません。傾聴することが大事です」「ディベートは，意見をつぶし合うのではなく，質問や反論をし合うことで，お互いの意見を成長させ合うのです。思いやりのゲームです」といったことです。これらは，全て学級づくりでもあります。

2回目のディベートでは，対話の基礎である「話す」「質問する」「説明する（反論し合う）」ということの，技術的な指導を中心に行いました。

例えば，「根拠を丁寧に作ります。三角ロジックを意識します」「連続質問ができるように。論理はエンドレスです」「反論は，きちんと相手の意見を引用します。根拠を丁寧に述べます」といった指導を，具体的な議論をふまえて行います。

このような指導を行うことで，噛み合った議論の仕方や，その楽しさを子どもたちは知ります。そして，「意見はどこかにあるのではなく，自分（たち）で作るもの」「よりよい意見は，議論を通して生み出すことができる」ということも理解していきます。知識を覚えることが中心だった今までの学びとは，180度違うこれからの時代に必要な学びを体験することになります。個と集団が育ち，学びの「社会化」が促されます。

ディベートの持つ教育観は，これからの時代を生きる子どもたちにとって，とても重要だと考えています。

【4年生の授業】

4年生は，共同的な学びの楽しさを，体験を通して実感させる授業です。

漢字の「田」の中に隠されている漢字を，友だちと協力してたくさん探すという学習ゲーム的な授業です。

授業の展開は，

① 一人で探す

② 友だちと交流して増やす

というシンプルな内容です。

この授業のポイントは，交流のレベルを上げるということです。学び合う，教え合う活動のレベルを上げるということです。

自由な立ち歩きの交流を取り入れることに，多くの先生は不安を持っているようです。

・勝手に遊ぶのではないか

・男子と女子が別々になるのではないか

・一人ぼっちの子どもが出るのではないか

・答えを写すだけの子どもが出るのではないか

といったことが，主な原因のようです。

「対話のある授業」のところでも述べたように，自由な立ち歩きのある対話を取り入れると，このような気になることは当然起きるものです。

大切なのは，そのような気になることを，子どもたちとも相談しながら克服していくことなのです。学級づくりの視点を持って，克服していくのです。

本書の付録動画では，

・一人をつくらない

・男子女子関係なく

・笑顔で話し合い

といったことを，1回目の交流の後に指導して，学び合いをよりダイナミックにしています。

　5年生の授業では，考えが分裂する問いを教師が示し，ディベート的な話し合いをしています。

　目標や願いといった意味での「夢」は，「大きい方がいいか，小さい方がいいか」という問いを示し，

・自分の立場を決める

・理由を考える

・立場で別れて理由を出し合う

・全体の場で話し合いを行う

といった場面が，付録動画には収められています。

　この授業でも，「ひとりひとり違っていい」という考えを大事にしています。安心感を持たせるためです。それによって，違いを出し合うことに抵抗感が少なくなり，学びを深め合えると考えるからです。

　また，映像でも分かると思いますが，黒板の左5分の1に，価値語を書いています。

・迫力姿勢

・自分らしさを出す

・えがお

・書いたら発表

などです。教師が，子ども同士が学び合う，つながり合うために必要だと考えたことを，「見える化」させているのです。そうすることで，子どもたちは何をどう頑張ればいいのかを理解します。言葉は実体験を求めるという性質があるので，学びの姿勢に勢いも出てきます。

　教師は，そのような子どもの発言や聞き合う姿を，受容的に受け止めます。少しずつ確実に学び合う教室へと成長していきます。

【6年生の授業】

　6年生の授業は，ペア・グループでの話し合いのポイントを示しています。多くの教室で，どの教科でもペア・グループの話し合いを取り入れていると思います。しかし，その多くは，「話し合いましょう」という指示だけで，子どもたちに「丸投げ」のようです。指導がないのです。

　授業動画では，
「最初に『お願いします』，終わりには『ありがとうございました』」
と言うように，指導しています。この一言があるだけで，子どもたちの話し合いは積極的なものに変わります。

　私は，学級に対話・話し合いのグランドルールを作るべきだと強く思っています。例えば，

① 何を言ってもいい
　　（下品なことや人が傷つくこと以外）
② 否定的な態度で聞かない
③ なるべく問いかけ合うようにする
④ 話さなくても一生懸命に聞けばいい
⑤ 知識よりも経験を話すようにする
⑥ 考えが変わってもいい
⑦ 考えが分からなくなってもいい

といったものです。

　子どもたちのいいところを取り上げたり，子どもたちと一緒になって話し合って決めたりする中で，1年間かけて作り上げるみんなの約束です。安心して対話や話し合いができるように，土台を作るのです。

　また，この動画では，教師が一人の子どもと対話している場面があります。意図的にしています。1対1の対話をすることで，他の子どもたちは聞き耳を立てて話を聞きます。教師の伝えたいことが，全員に浸透していきます。

　共同的な学びがより成立するためのルール作りや，それらを生み出す教師のパフォーマンスは重要です。

　特別映像は，『DVDで見て学ぶ 菊池省三・授業実践シリーズ』（有限会社オフィスハル製作）より授業映像を一部抜粋し，解説を追加・編集したものです。

6年「俳句の作り方」
～五七五，季語，×うれしいな

岡 篤

〈盛り上がり抜群の連句〉

　俳句というと，一人一人が静かに集中して作るというイメージがあるかもしれません。しかし，連句をすれば，むしろ大いにクラスの雰囲気が盛り上がる授業にもなります。

　クラスを5人程度のグループに分けます。最初の一人が五七五を作り，次の人に回します。2番目の人は，最初の人の五七五に続けて，七七を加えます。3番目の人は，2番目の人の七七を読んで，五七五を作ります。1周したら，一つの作品の完成です。

　最初の子がスムーズに浮かばず，止まってしまう場合があるかもしれません。そんなときに備えて，それまでに作った俳句の1枚文集などを用意しておき，そこから自分の俳句を選んで使ってもよいことにします。

　おもしろい作品にするコツは，一つ前の人が書いたものだけを読んで作るということです。前の前なども合わせて考えると，同じような内容の堂々巡りになりがちです。

　ちなみに，連句の最初を「発句」，最後を「挙げ句」といいます。「発句」は，芭蕉が独立させ，正岡子規が「俳句」と名付けました。

〈初期のポイント2点〉

① 五七五に仕上げる

　子どもの作品は，不用意に字余りや字足らずを行っている場合がよくあります。俳人が意図的に行う場合と違い，多くは大人が手を入れれば五七五になり，作品としてもよくなります。遠慮せずにどんどん添削してアドバイスしましょう。

② 季語を使う

　季語を使った方がよいのは，「俳句の決まりだから」ではありません。季語は，日本の四季のイメージを凝縮した言葉です。そのため，季語を使うとその俳句のイメージが広がりやすくなります。

〈うれしいな，楽しいな，きれいだな，を使わない〉

　これらに加えるなら，うれしいな，などといった一般的な言葉を使わないということです。こういった言葉は，俳句のような短い作品の中では，ほとんど何もいっていないのと同じです。どんなふうにうれしいのかを「飛び跳ねた」「握手した」「にっこりと」といったように，具体的に描くように指導します。

〈多作多捨〉

　俳句の世界には，「多作多捨」という言葉があります。文字通り，たくさん作って，たくさん捨てるのです。有名な俳人は，ほぼ多作です。膨大な数の俳句の中からほんの一部が残り，さらにそのうちのわずかが一般に知られているだけです。まして，小学生の授業で名作が生まれることを期待するべきではありません。楽しく，気軽に作れば十分です。

QR ワークシート（俳句原稿用紙）

〈「何も浮かばない」からのスタート〉

　　柿食へば鐘がなるなり法隆寺　　　正岡子規
　　　（え）

　「この俳句を読んで浮かんだことを書きなさい」と5年生のクラスでいったのが私の鑑賞文実践のはじめでした。返ってきた反応は，「何も浮かばない」でした。

　「なんでも，いいから。短くてもいいから」と促すと，「柿を食べたら鐘がなった」というような文がいくつも出てきました。これでは，少しも広がっていません。少しましなものでも，「ゴーンと鐘がなった」という程度でした。

　俳句は，省略の文学と言われています。短いだけに，読者が想像を膨らませて読んでこそ，価値が高まるものです。文字だけをそのまま読んでも鑑賞とはいえません。

　しかし，このとき想像を広げることも練習が必要だということを感じました。

〈俳人の鑑賞文でリミッター解除〉

　有効だったのは，俳人の鑑賞文を見せることでした。秋山秋桜子という人の上の俳句の鑑賞文を読んで聞かせたところ，「そんなことまで書いていいの？」「めちゃくちゃ，想像広げている！」といった声が続きました。

　子どもたちは，勝手に自分の想像力を規制していたのです。俳人の鑑賞の広さ，深さに触れて，リミッターが解除されたようでした。一気に想像に広がりが出始めました。

〈「お話」を作ってみよう〉

　想像が広がっても，それを文章にすることが難しいという子がたくさんいました。浮かんだことをばらばらに，箇条書きのように書いていくので，自分でもつながりがよく分からないのです。

　そんな子に，「お話のように書いてもいいよ」というと，一気に書きやすくなったようで，筆が進み始めました。

〈限定するから個性が出やすい〉

　お話を書くとなれば，主人公や場面の設定が必要です。それからは，まず，俳句を読んで，登場人物の性別や年齢などを決めることから始めるようにしました。もちろん，鑑賞する俳句もそれをやりやすいものから選びました。

　すると，一つの俳句というところから始まったにもかかわらず，できあがったお話は，実に個性にあふれたものになりました。

※動画の板書で使用されている俳句
「うまそうな雪がふうわりふわりかな」　小林一茶

　『新版まるごと授業国語１〜６年（上）』（2020年発行）への動画ご出演，及び寄稿文をお寄せいただいた岡 篤先生は，2022年11月に永眠されました。この度，改訂新版発行にあたり，ご遺族のご厚意で内容はそのままで掲載させていただきました。ご厚情に深く感謝するとともに，謹んで哀悼の意を表します。

つないで，つないで，一つのお話

全授業時間 1 時間

◎ 指導目標 ◎

・自分が聞こうとする意図に応じて，話の内容を捉え，自分の考えをまとめることができる。
・言葉には，相手とのつながりをつくる働きがあることに気づくことができる。

◎ 指導にあたって ◎

① **教材について**

　最初と最後の 1 文を決めておき，その間を 1 人が 1 文ずつつないで 1 つの物語にします。6 年生の国語学習を始めるにあたっての「言葉の準備運動」という位置づけとなっています。楽しみながらゲーム感覚で取り組ませたい教材です。5，6 人でグループになって 2 周する中で 1 つの話を作り上げます。最後の 1 文が決まっているので，話がどこへいってもよいというわけにはいきません。初めの 1 周は，自由に思い浮かんだことを文にしてもよいでしょうが，2 周目は，最後の 1 文を意識しながら，そこにつながることをある程度見通した文作りが必要になってきます。

② **個別最適な学び・協働的な学びのために**

　「聞く」ことは，言語の力にとっても大切な要素の 1 つです。みんなの 1 文をつないで，1 つの話を作り上げるためには，ただ聞くだけではなく，話の脈絡をしっかり捉えながら聞かなければなりません。難しい場合にはメモすることを取り入れてもよいでしょう。

　また，身振り手振りや笑顔などの非言語のコミュニケーションも大切にして，まずはリラックスした楽しい雰囲気づくりを心がけましょう。そして，みんなで協力することと，文を作ることの楽しさを味わわせて，6 年生の学習の一歩を踏み出させたいものです。

知識 及び 技能	言葉には，相手とのつながりをつくる働きがあることに気づいている。
思考力，判断力，表現力等	「話すこと・聞くこと」において，自分が聞こうとする意図に応じて，話の内容を捉え，自分の考えをまとめている。
主体的に学習に取り組む態度	進んで話の内容を捉えながら相手の話を聞き，これまでの学習をいかしてお話作りに取り組もうとしている。

◎ 学習指導計画　　全 1 時間 ◎

次	時	学習活動	指導上の留意点
1	1	・扉の詩を読み，教科書 P9 ～「国語の学びを見わたそう」を見て，学習の進め方を確かめたり，年間の国語学習を見通したりする。 ・教科書 P17 を読み，6 年生の国語学習の目標を書く。 ・教科書 P18「つないで，つないで，一つの話」の活動の目的と流れを確かめる。 ・最初と最後の 1 文を決め，グループで 2 周する間に物語がつながるようにお話を作る。 ・友達とお話を作ってどう感じたか，活動を振り返る。	・楽しい雰囲気でできるよう，笑顔や身振り手振りなど非言語コミュニケーションの部分も大切にする。 ・話の脈略を考えながらお話を作ることも大切だが，ゲーム感覚で全員が楽しく取り組めるよう心がける。

本時の目標
・扉の詩を読み，これからの学習に期待と見通しと目標をもつ。
・話し手の1文を聞き，お話の続きを作ることができる。

板書例

最後の一文
「めでたし、めでたし」
☆グループ全員で言う

このように言える話を作ろう　→

〈大切ポイント〉
① 相手の方を向いて話を聞く（正対する）
② うなずき、相づち、笑顔
③ 身ぶり手ぶりでより分かりやすく

◇ ③ 作ったお話を発表しよう
・全員で発表
・聞いた感想

◇ ④ ふりかえろう

POINT 始めからグループ全員の話をしっかり聞かせる。考えすぎたり凝りすぎたりしないで，思い浮かんだことを簡単な1文で

---

1 扉の詩を読み，1年間の学習を見渡し，目標を書こう。本時のめあてを確かめよう。

T　扉の詩「創造」を読みましょう。

　　学習の構えを作るために，声をそろえ全員で音読する。ここで心に残った言葉や表現を簡単に出し合わせる。
　　目次や，教科書P9～「国語の学びを見わたそう」を見て，1年間の学習の見通しをもつ。

T　1年間でこんなことを学んでいきます。たくさんあるようでも，あっという間に終わってしまいますよ。

　　教科書P17を読み，6年生の国語学習の目標を書かせる。

6年生でできるようになりたいことは…。

T　今日はグループで協力して1つのお話を作っていきます。1人ずつ順に1文を言います。次の人は前の人の文の続きになるように考えて1文を言ってください。どんなお話ができるでしょう。

　　教科書P18を読み，活動のめあてと内容を確かめる。

T　人の話をよく聞いて，楽しくお話を続けましょう。

2 グループに分かれて，お話を作ってみよう。

T　では，グループに分かれて1つのお話を作りましょう。最初と最後だけは決めておきます。最初は「昔々あるところに～と～が住んでいました。」最後は「めでたし，めでたし」とみんなで言いましょう。つまり，最後がそうなるようにお話を作ります。

昔々あるところにおじいさんとおばあさんが住んでいました。

おじいさんは山へ洗濯に，おばあさんは家で料理をしていました。

ところが突然おじいさんは山からおりてきました。

洗濯するのに洗濯物を家に忘れて…

　　5，6人のグループに分かれて輪になり，最初の1文を言う役を決める。最初は試しに1周だけで取り組ませてもよい。前の人の話の意図をとらえ，話す順序を考えて続きのお話を作らせる。

　　教科書の例文を使って取り組ませてもよい。

つないで、つないで、一つのお話

め 前の人の話の内容をとらえながら聞き、グループでまとまったお話を作ろう

❶ ◇ 友達と協力して、お話を考えよう

・五、六人のグループで
・一文ずつ順につなぐ
・二周する間に一つのお話を作る

❷ 〈お話の作り方〉

最初の一文

「むかしむかし、あるところに○○さんと○○さんが住んでいました。」

言わせるようにする。

3 できたお話をみんなに発表しよう。

T　では、順番に、できたお話を発表しましょう。

昔々あるところに赤鬼と青鬼が住んでいました。

赤鬼と青鬼は恐ろしい顔をしていましたが、実は心優しい鬼たちでした。…

めでたしめでたし！

T　お話を聞いた感想を言いましょう。
C　みんな、ぜんぜん違うお話になっているね。
C　○○のお話は、意外で面白かったです。
C　△△さんは、大きな声に楽しい身振りで聞いていて楽しくなりました。

　　お話を作るグループ活動のときや、作ったお話を発表する全体交流のとき、身振り手振り、笑顔やうなずきなどの部分も取り上げてほめるようにする。クラスの大切なポイントとして最初の授業で確かめ合っておく。

4 友達とお話を作ってどう感じたか、活動を振り返ろう。

T　やってみてどうでしたか。感想を発表しましょう。

最初は難しいかなと思ったけれど、やってみると、とっても面白かったです。

□□くんが突然話を変えてきたのでびっくりしたけど、まとめるのが楽しかったです。

話す人をよく見て聞き逃さないようにしたら、話をうまくつなげられました。

みんなで話を考えると、自分だけでは考えられない面白い話が出来上がったのがよかったです。

　　6年生の国語、最初の授業なので自由に「楽しかった」「面白かった」などの発表を出し合わせたい。
　　教師は、ここでも身振り手振りや身を乗り出して聞く姿勢などがよかった児童をほめるようにする。また、ここでの聞く姿勢がよい児童も取り上げてほめておく。全員をほめることができれば、なおよいだろう。

詩を楽しもう

準備

◎ 指導目標 ◎

・詩を音読することができる。

・比喩や反復などの表現の工夫に気づくことができる。

・詩の全体像を具体的に想像したり，表現の効果を考えたりすることができる。

◎ 指導にあたって ◎

① **教材について**

　　新年度にふさわしい詩としての『準備』です。「国語って楽しい」と思ってもらえるように，思ったことを好きに言える授業にしましょう。

　　第1連と第2連は否定の「～ない」で始まり，断定の「～だ」，そして倒置法が使われています。これにより，「待っている」「見ている」ように見える動きのない姿が，実は次への準備であることを強調しています。

　　第3連,第4連には「初めて」という言葉が何度も繰り返し使われています。前の「準備」は「初めて」に向かうためのものだということが分かります。「こどもたちよ」からこれは大人がこどもたちに語りかけているのだと分かります。それでは，「こどもたち」とはだれのことなのでしょう。これはいろいろと言い合える場面です。正解も間違いもありませんから思い思いに発言させればよいでしょう。ひな鳥の巣立ちでしょうか。「落ち」て「うかぶ」のでバンジージャンプでしょうか。教科書には同ページに「この本，読もう『おーい,ぽぽんた』」とあるのでタンポポの綿毛を連想するかもしれません。いずれにせよそこに「挑戦する意志」が読み取れます。6年生の国語の学習では，具体的な何かより，そこからどんな意味を汲みとるかということを考えさせたいところです。

　　また，第4連は難解です。「ほんとうの高さ」「雲の悲しみ」とは何なのでしょうか。ノートなどにじっくり考えを書かせてもよいでしょう。

② **個別最適な学び・協働的な学びのために**

　　感想を自由に出し合うなかで，「自分とは異なる感じ方もある」「あの子はそう考えるのか」と新しい視点に出会えることに，集団で1つの詩を読むことの意義があります。

　　特にこの『準備』がどのような場面を読んだのかを考える場面では様々な意見が出ることが予想されます。「そんな意見も言っていいの?」といった自由な発想が出てくると面白いでしょう。

　　本稿では，グループで意見を話し合う授業展開にしています。少人数のほうが意見が言いやすかったり，自由な発想が出やすかったりするとのねらいからです。学級の状況や展開に応じて，学級全体で出し合う時間にしたり，隣どうしで話したり，あるいはタブレット端末に入力したりと工夫ができます。

知識 及び 技能	・比喩や反復などの表現の工夫に気づいている。 ・詩を音読している。
思考力，判断力，表現力等	「読むこと」において，詩の全体像を具体的に想像したり，表現の効果を考えたりしている。
主体的に学習に取り組む態度	進んで詩を音読し，学習課題に沿って感じたことを伝え合おうとしている。

次	時	学習活動	指導上の留意点
1	1	・『準備』の詩を読み，感想を出し合う。 ・「倒置法」を学ぶ。 ・どのような場面かを想像して音読する。	・「倒置法」は気づきにくい場合もある。その場合，指導者で注目させる箇所を絞って扱う。

本時の目標　倒置法の意味を知り，詩が表現する情景をイメージして音読することができる。

板書例

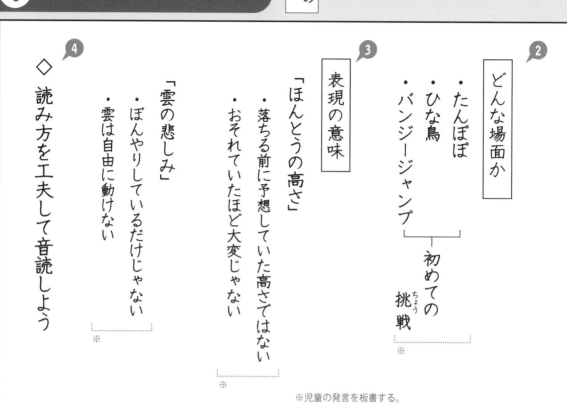

❷
どんな場面か
・たんぽぽ
・ひな鳥
・バンジージャンプ ── 初めての 挑戦（ちょう）
　　　　　※

❸
表現の意味
「ほんとうの高さ」
・落ちる前に予想していた高さではない
・おそれていたほど大変じゃない
　　　　　※

「雲の悲しみ」
・ぼんやりしているだけじゃない
・雲は自由に動けない
　　　　　※

❹
◇ 読み方を工夫して音読しよう

※児童の発言を板書する。

POINT 児童が感じたことを自由に出し合える時間をしっかり確保する。その上で「倒置法」などの表現に焦点化していく。

1 読んで気づいたことを出し合い，「倒置法」に注目しよう。

T 『準備』の詩を音読しましょう。（音読）
T 詩を読んで，気づいたこと感じたことを出し合いましょう。

「待っている のではない」っ ていうのがい いなあ。

「こどもたちよ」 だから大人が子 どもに言ってい るのだと思いま す。

「初めて」が たくさんあり ます。

ここでは児童の感想を自由に出し合わせる。

T 「準備をしているのだ　飛び立っていくための」というような書き方を<u>「倒置法」と言い，強く印象づけたいときなどに使います。</u>
C 第２連も同じような書き方をしているね。

2 どのような場面なのかを考え，意見を出し合おう。

T この詩はどのような場面を読んだ作品だと思いますか。グループで話し合ってみましょう。

ひな鳥の巣 立ちじゃな いかなあ。

たんぽぽ の綿毛が飛ぶ 場面かなあ。

T どんな考えが出たか発表しましょう。
C ぼくたちは，「ひな鳥の巣立ち」のことだと考えました。
C 私のグループでは「バンジージャンプ」の場面だという意見が出ました。

T どのグループの考えも面白いですね。<u>これらに共通していることは何でしょうか。</u>
C どれも，初めてのことに挑戦しようとしています。

ICT 言葉ではうまく表現できなかったり，苦手としている児童もいる。タブレットのシートに絵や簡単な文章を書いて，共有しながら意見交換することも認めたい。

詩を楽しもう

準備　　高階　杞一（たかしな　きいち）

め　表現から気づいたことをいかして　詩をイメージし、音読しよう

① 待っているのではない
飛び立っていくための
準備をしているのだ
　↑
倒置法（とうちほう）　強調

・・・いるのではない
・・・しているのだ
・・・を
（第二連も）くり返し

（第三連・第四連）
「初めて」… くり返し

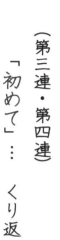

---

3 表現の意味を考えよう。

T　少し変わった表現がありますね。第4連の「ほんとうの高さ」「雲の悲しみ」です。これらの表現の意味について考えてみましょう。

「ほんとうじゃない」高さもあるのかなあ。

雲のどんなところが悲しいのだろう…。

雲って，のんびりしてそうに見えるけど…。

T　「落ちることにより初めて…わかる」「うかぶことにより初めて…わかる」とは，どういうことでしょうね。

　　児童の感じ方や考えを出し合わせる。まずは，ノートなどに各自でじっくり考えさせた後で，話し合わせてもよい。場合に応じて，教師は，児童の気づかない視点を示していく。

4 読み取った情景をイメージしながら音読をしよう。

T　今日の学習で読み取ったことをいかして音読をします。どんな工夫が考えられますか。

「～ではない」を強く読むのはどうかな。

「こどもたちよ」は優しく読もうかな。

T　それでは，音読をしてみましょう。

　　各自が考えた工夫でペアやグループで音読をして聞き合わせる。何人かに前で音読をさせてもよい。

T　友達の音読を聞いた感想を発表しましょう。

C　○○さんは，「こどもたちよ　おそれてはいけない」を強く言っていて，どきっとしました。

C　△△さんは，「初めて」の言葉をぜんぶ協調して音読していたのが心に残りました。

　　感想を交流した後，学習を振り返る。

楽しく書こう

伝わるかな，好きな食べ物

全授業時間 1 時間

◎ 指導目標 ◎

・比喩や反復などの表現の工夫に気づくことができる。
・文章全体の構成や展開が明確になっているかなど，文章に対する感想や意見を伝え合い，自分の文章のよいところを見つけることができる。

◎ 指導にあたって ◎

① 教材について

　6 年生になり，最初の書き教材です。クイズに近い感覚があるので，楽しみながら学習を進めることができます。学年開き，学級開き直後ということもあり，仲間づくり，学級づくりにも適している教材です。5 年生で学習した「たとえ」の表現を思い出させ，積極的に使うと，書く力の定着にもなります。

　全授業時間は 1 時間ですから，長い文章を書くという教材ではありません。短くても構いません。聞き手に，好きな食べ物が何であるか，想像しやすい文章を書くことを目標にしましょう。クイズに近い感覚ではありますが，クイズではありません。聞いてもどんな食べ物か，すぐには分からない文章ではなく，聞いてすぐに想像できるような分かりやすい文章になるように指導をしましょう。

② 個別最適な学び・協働的な学びのために

　まず，好きな食べ物は 1 人 1 人違います。同じ食べ物であっても，表現の仕方が違ってきます。ですから，児童数だけ，作品が出来上がります。その作品を，ペアや班で交流するだけでなく，作品をタブレットで共有して，見せ合い，感想を交流する活動も考えられます。また，作品をタブレットに保存しておくと，児童の好きなタイミングで友達の作品を参考にできます。

　原稿用紙に書くことが苦手でも，パソコンだとスムーズに書ける児童もいます。ワークシートなどの原稿用紙を使うか，パソコンの文字入力機能を使うかは，児童に選択させるとよいでしょう。

　ただ作品を聞いて，食べ物を当てるのではありません。友達の作品のよいところや自分の作品のよいところも考えながら活動をします。そうすると，自己教育力や自己肯定感も上がります。

　この活動は，年間を通して，少しずつでも継続的に行うと効果が上がっていきます。好きな食べ物だけでなく，動物や本など，テーマを工夫して，計画的に活動を継続させましょう。

知識 及び 技能	比喩や反復などの表現の工夫に気づいている。
思考力，判断力，表現力等	「書くこと」において，文章全体の構成や展開が明確になっているかなど，文章に対する感想や意見を伝え合い，自分の文章のよいところを見つけている。
主体的に学習に取り組む態度	積極的に表現を工夫し，これまでの学習をいかして互いの文章を読み合おうとしている。

◎ 学習指導計画　　全 1 時間 ◎

次	時	学習活動	指導上の留意点
1	1	・何の食べ物について書くか決める。 ・書く内容を考える。 ・おいしさが伝わるように文章を書く。 ・文章を紹介し合い，食べ物を当てる。	・好きな食べ物の名前を使わずに，聞き手が想像できるような文章を考える。 ・1時間単元なので，長く，詳しい文章でなくてよい。

◇ この時間の最後に，教科書 P24「続けてみよう」を読み，内容を確かめてもよいでしょう。気になるニュースを関心のある話題に沿って集めて，1年間書き溜めていくという活動が紹介されています。この活動を取り入れて，年間を通して継続して取り組ませることも考えられます。

伝わるかな, 好きな食べ物

第 ① 時（1/1）

板書例

・味
・色
・食べたときの最初の一言
・どんなときに食べるのか
　・食感
　・形

※児童の発表を板書する。

③

おいしさが伝わるように文章を書こう

（文例）

「黄色い山のようで，その山にスプーンを入れると，ふわふわのなだれが起きて，赤いつぶつぶが顔を出します。それを口に入れると，口の中でとけるようだ，と思わず，言ってしまいます。」

※児童の意見を参考に，文例を書いて示す。

④

読み合って，食べ物の名前を当てよう

・ワークシート
・パソコン
＞（どちらでも）

・答えだけでなく，友達の文章のよいところも　一つ以上見つけて，伝える
・自分の文章のよいところも見つける

POINT この活動は，本時で終わりではない。「好きな動物」や「好きな飲み物」など，テーマを変えて継続的に行うことで力がつく。

---

1 何の食べ物について書くか決めよう。

T　今から言うことは，先生が好きな食べ物の説明です。何の食べ物か当ててみてください。

T　「黄色い山のようで，その山にスプーンを入れると，ふわふわの雪崩（なだれ）が起きて，赤いつぶつぶが顔を出します。」さあ，何でしょう。

C　何だろう？

C　オムライスだ！

T　そうです。正解はオムライスでした。
　オムライスの画像を提示する。

T　みんなの好きな食べ物を，名前を使わずに説明すると，どうなりますか。考えてみましょう。

（ぼくはプリンだから）プルプルした山が…。

（私はソフトクリームだから）真っ白いグルグルの…。

T　それでは，何の食べ物について説明するのか１つ決めましょう。

2 書く内容を考えよう。

T　好きな食べ物のどのようなことを書いたらよいでしょうか。話し合いましょう。

形や色かな。

味や食感とかもいいね。

食べたときの最初の一言も，おもしろいかも。

どんなときに食べるのかも書くといいかも。

ペアやグループで話し合う。
　話し合うときに，タブレットで画像や動画を検索して，話し合いの参考にさせるとよい。

　児童の意見を参考に，オムライスの説明がどのような文章になるのか，黒板に例を示しておく。後で児童が文章を書くときの参考となる。

準備物
・ワークシート① QR
・ワークシート②（支援用）QR

ICT　説明したいものの画像や動画を検索して、書くときの参考にする。タブレットに打ち込むことをOKにすると、直接書くことが苦手な児童の負担も軽減できる。

① 伝わるかな、好きな食べ物

先生の好きな食べ物

[オムライスの画像]

オムライス

め　名前を使わずに、好きな食べ物について説明しよう

① 説明する好きな食べ物を決めよう
・プルプルした山が…→プリン
・真っ白いグルグルの…→ソフトクリーム
※児童の発表を板書する。

② どのようなことを書いたらいいのだろう

慣れてくると、短時間でできるようになる。

3　おいしさが伝わるように、文章を書こう。

T　好きな食べ物の名前を使わず、おいしさが伝わるように、説明を書きましょう。

ワークシート① QR を配布し、書き方を説明する。
ワークシートのデータを児童に配布しておく。プリントに書くか、パソコンで作成するかを児童に選ばせるとよい。

まずは形や見た目を書こう。

スプーンを入れると、どのようになるかな。

一口食べたときの気持ちを書こう。

この食べ物の人気がどれくらいか書いてもいいね。

書く内容が思いつかない児童には、支援用のワークシート② QR を配布し、助言する。
それぞれの説明文をタブレットで共有すると、参考となる。また、画像や動画を参考とさせると、書く助けになる。

4　文章を読み合い、何の食べ物について書いたのかを友達と当て合おう。

T　グループで文章を読み合って、何の食べ物について説明したのか、友達と当て合いましょう。

説明文を読み合って、正解を当て合う。

T　友達の説明を聞いた後に、友達の文章のよいところも1つ以上伝えるようにしましょう。

説明文を聞いた人から、その文を書いた人に、よかったところを1つ以上伝えるようにさせる。

色が詳しく書かれていて、自分も参考にしたいと思った。

○○という食べたときの様子が、目に浮かぶように分かったよ。

画像や動画を使って答えを発表したり、よかったところを説明したりすると分かりやすい。

T　紹介した人も、自分の文章のよいところをワークシートに書きましょう。

この時間で終わりではなく、テーマを変えて年間を通して、継続的に行うと力がつく。

ワークシート① 伝わるかな、好きな食べ物

名前（　　　　　　　　　　）

◎ 好きな食べ物

◎ 書く内容

・

・

・

◎ おいしさが伝わるように文章を書きましょう。

● 友達の文章のよいところ

（　　　　　　　　　　）

● 自分の文章のよいところ

（　　　　　　　　　　）

喜楽研

［ワークシート②］ 伝わるかな，好きな食べ物

名前（　　　　　　　　　　　）

◎ 好きな食べ物

◎ 書く内容
- ・
- ・
- ・

◎ おいしさが伝わるように文章を書きましょう。

この食べ物は、まるで（　　　　　　　　　）のようです。形は、（　　　　　　　　　）に似ています。

色は、（　　　　　）で、（　　　　　　　）を想像させます。スプーン（はし、ナイフなど）を入れると、（　　　　　　　　　）になります。

この食べ物を一口食べると、思わず（　　　　　　　　　）と言ってしまいます。

● 友達の文章のよいところ

● 自分の文章のよいところ

音楽研

帰り道

全授業時間 5 時間

◎ 指導目標 ◎

・文章の構成や展開，文章の種類とその特徴について理解することができる。

・登場人物の相互関係や心情などについて，描写を基に捉えることができる。

・比喩や反復などの表現の工夫に気づくことができる。

◎ 指導にあたって ◎

① 教材について

　『帰り道』は，単元名通り，帰り道での同じ出来事が 2 人の人物の視点から語られた物語です。「律」は周囲のテンポについていけず，思っていることが言えないと，「周也」は沈黙に耐えられず軽い言葉をぺらぺらとしゃべってしまうと，自分のことを捉えています。重要なのは，この見方がそれぞれ「自分から見た自分」を語っているという点です。相手からは違った見え方をしています。「律」は「周也」をどんなこともテンポよく乗りこえて，ぐんぐん前へ進んでいく，追いついて肩を並べたい人物として見ています。「周也」は「律」を自分にはない落ち着きと余裕を持った人物として見ています。この，自分と相手との見え方の違いが，人物像を立体的に浮かび上がらせます。自分にはないものをもつ相手に憧れに近い感情を抱きながら，その相手に届く言葉を探しあぐねている姿は，対照的に見える 2 人に共通した部分です。そして，突然の天気雨をきっかけに，2 人は互いに「通じ合った」という瞬間を共有します。思ったことを言葉にできた「律」と，それに沈黙で返した「周也」。普段とは逆転した立場でのやりとりの中で，2 人はその瞬間を同じような晴れ晴れとした思いで共有したのです。

② 個別最適な学び・協働的な学びのために

　「視点や作品の構成に着目して読み，印象に残ったことを伝え合おう」とあるように，この作品では「律」と「周也」それぞれの視点から同じ出来事がえがかれています。

　私たちには，自分の視点しかありません。他者が同じ出来事をどう捉えているかは分かりません。想像することしかできません。ですが，物語なら，2 人の視点から見てその出来事がどうだったのかが分かるのです。こんなに面白いことはありません。その視点の違いを存分に楽しませたいと思います。

　そのときに，大事になってくるのは，一方の視点をしっかりと読むことで，もう一方の視点に出会えるということです。ここでは，第 1 時から「律」と「周也」両方の視点を読むのではなく，まずは「律」側を読み，出来事の流れや思いを律の視点で捉えます。その前提ができた上で，「周也」側に出会うことで，それぞれにとっての出来事の意味を考えることができるでしょう。

◎ 評価規準 ◎

知識 及び 技能	・文章の構成や展開，文章の種類とその特徴について理解している。 ・比喩や反復などの表現の工夫に気づいている。
思考力，判断力，表現力等	「読むこと」において，登場人物の相互関係や心情などについて，描写を基に捉えている。
主体的に学習に取り組む態度	進んで登場人物の相互関係や心情などについて描写を基に捉え，学習の見通しをもって印象に残ったことについて考えを伝え合おうとしている。

◎ 学習指導計画　全5時間 ◎

次	時	学習活動	指導上の留意点
1	1	・自分の帰り道の様子を出し合う。 ・「律」の視点からえがかれた第1章を読む。	・1時間ですべて読むと児童には情報が多い。まず第1章だけを読むことで出来事の流れをおさえたい。
2	2	・「律」の視点からの「律」「周也」それぞれの人物像を考え交流する。	・「周也」について，「律」自身について書かれている部分を探し，それぞれがどんな人物なのかを考えさせる。
	3	・「周也」の視点からの「律」「周也」それぞれの人物像を考え交流する。 ・自分は「律」と「周也」をどう思うか，考えを交流する。	・「律」について，「周也」自身について書かれている部分を探し，それぞれがどんな人物なのかを考えさせる。
3	4	・「律」と「周也」の沈黙と言葉，会話についてまとめる。 ・全文を通したまとめの感想を書く。	・お互いの沈黙と会話を整理することで，それぞれの内面，分からないゆえのすれ違いを整理し，2人の関係の変化を考えさせる。
	5	・感想を交流する。 ・読み取ったことをいかして音読する。 ・学習を振り返る。 ・本の紹介を聞く。	・「内容について」と「書かれ方について」，それぞれでまとめの感想を交流させる。

板書例

③ ⒈ 律の視点

④ 〈できごと〉

「どっちが好き」ゲーム

律　うまく答えられない

周也　いらついた目でにらんだ

昼休み

律　いつも通り

周也　困っている

いっしょに帰ることに

とつぜんの雨　（天気雨）

律　思いを伝えることができた

周也　言葉はない　うなずく

帰り道

POINT　最初から全文を読むのではなく，まず第1章の律の視点からのみを読む。あらすじや出来事をまずはしっかりつかむことが，

1 題名を読み，自分の帰り道の様子を出し合おう。

T　『帰り道』という題です。学校の帰り道の思い出を教えてください。

C　疲れたなぁと思いながら帰っています。

C　友達といろんな話をしながら帰るのが楽しい。

C　楽しく帰っているときもあるけれど，友達とけんかして落ち込んでいるときもあります。この前は…。

石をけり続けて家まで帰るチャレンジをしたよ。

知らない細い道を通ってみたら，お地蔵さん見つけたよ。

登場人物の「律」や「周也」をとらえるために，まず自分の経験を存分に出し合うことから始める。

2 どんなことを学習するのか確かめよう。

（視点や作品の構成に着目して読み，印象に残ったことを伝え合おう）と，本単元の課題を板書する。

T　「視点」って何ですか。

C　誰かから見るということかな。

T　教科書38ページの下の解説を読みましょう。

C　「物語などで，語り手がその作品をどこから見て語っているかということ。」

教科書の「視点」の用語説明を確かめる。

T　この物語は「1」と「2」の2つの章に分けられて書かれています。語り手は，「1」は「律」の立場で語っていて，「2」は「周也」の立場で語っています。今日は，「1」の「律」の視点で語られているものを読んで，考えていきましょう。

準備物	・ワークシート QR （ノートを使ってもよい）

ICT	今，誰の視点で物語が進んでいるのか，児童のタブレットに，教科書の律や周也のイラストを映しておくと，語り手が誰だったのか，混乱を避けることができる。

帰り道

森　絵都

＝

視点 や作品の構成に着目して読み、印象に残ったことを伝え合おう

語り手がその作品を
どこから見て語っているか

1 語り手…律

2 語り手…周也

め 律の視点で読み、
出来事をとらえよう

律と周也の視点をこれから読む土台になる。

3 第1章を登場人物や場面の様子を想像しながら聞き，思ったことを出し合おう。

T 「1」の「律」の視点からのものを読みます。登場人物や場面の様子を想像しながら聞きましょう。
　「1」だけを範読する。

T 「1」を読んでどんなことを思いましたか。
C なぜ雨に降られたら仲直りできたのかな。
C 律が雨のおかげで乗り越えられて，自分の思いを言うことができてよかったと思います。

　どちらも読むと情報量が多いため，「1」の「律」側から存分に読むことから始める。「律」側をしっかり読むことで，同じ出来事の「周也」側からが読みやすくなる。

4 第1章の出来事を整理しよう。

T 「1」ではどんなことがありましたか。時間で最初から整理してみましょう。
C 昼休みに友達5人で「どっちが好き」ゲームをしていて，律はうまく答えられなかった。
C 周也は律に怒ってしまった。イラついた目でにらんだ。
C 周也の野球の練習がなくなって一緒に帰ることになってしまった。周也はいつも通り。律は困っている。
C 突然雨が降ってきて，律は自分の思いを周也に伝えることができた。
C 久しぶりに周也と帰ることになってとまどっている。
C 突然の通り雨で，2人で笑うことができた。

　順を追って，時間で出来事を整理し，大体のあらすじを全員でおさえる。

板書例

帰り道

とつぜんの雨
（天気雨）

・とつぜんの
「両方好き」
どう思った？※

※児童の発言を板書する。

② 〈律から見てどんな人？〉

周也「どんなことでも
　　テンポよく乗りこえる」
　　「ぐんぐん前へ」

律　「ついていけない」
　　「すぐに止まっちゃう」

④ ◇律について思ったことを書こう

1　第1章の音読をして，出来事を整理しよう。

前時の振り返りをする。

T　どんなお話でしたか。

C　律と周也の2人の帰り道の話です。

T　どんな出来事がありましたか。

C　周也を怒らせたけど，律は雨のおかげで乗り越えることができました。

T　今日も，「1」の「律」の視点からのものを読みます。登場人物や場面の様子を意識して音読しましょう。

2　律の視点から，律と周也の人物像を考えよう。

T　律と周也はどんな人だと思いますか。理由も考えて話し合いましょう。

まず，律にとって周也はどんな人かな。

律にとっての周也は「どんなことでもテンポよく乗りこえる」から頼もしいと思っているよね。

じゃあ，律にとって自分自身は？

律は自分のことを同じように行動したいのにできないと思っている。

第1章の「律」の語りの中で，「周也」について，「律」自身について書かれている部分を探し，それぞれがどんな人物なのかを考えさせる。

T　話し合ったことを発表しましょう。

全体で交流する。「ついていけない」「すぐに立ち止まっちゃう」「どんなことでもテンポよく乗りこえる」「ぐんぐん前へ」などの記述をおさえる。

準備物		I C T	最後の思ったことを書く活動では，タブレットの使用も認めたい。タブレットの方が，自由に自分の考えを書ける児童もいることを認めたい。

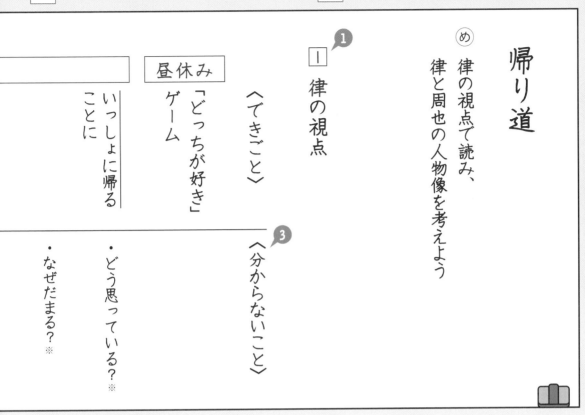

帰り道

め　律の視点で読み、律と周也の人物像を考えよう

① Ⅰ　律の視点

〈できごと〉

昼休み
「どっちが好き」
ゲーム

いっしょに帰る
ことに

③ 〈分からないこと〉

・どう思っている？※

・なぜだまる？※

ことをより意識することができる。

3　律と周也の分からないことを整理しよう。

T　律の視点で読みました。律と周也のことで分からないことはありますか。話し合ってみましょう。

律の気持ちは周也には分かっていない。

律は周也の気持ちが分からない。周也が「両方好き」をどう受け止めたのか。

周也は律のだまっている様子をどう思っているのかな。

周也は律がなぜだまるのか分からないと思う。

　分かったこと，思ったことを出すだけではなく，分からないことを考える活動を通して，律側の視点だということをはっきりさせたい。

T　話し合ったことを発表しましょう。

4　律について自分はどう思うかノートに書いてまとめよう。

T　律についてどう思いましたか。ノートにまとめましょう。

ぼくとは違います。悩んでいるけれど，それを伝えられない人だと思う。話せばお互いもっと分かり合えると思う。

私も律みたいに，人のペースを気にして悩むことがあります。人に言えない気持ちが分かります。

T　ノートに書いたことを発表しましょう。
　　律について思ったことを全体で交流する。

T　今日の学習を振り返りましょう。

板書例

④
◇自分は律と周也のことをどう思うか
話し合おう

③
〈周也から見てどんな人？〉

律　「よゆうが見て取れる」
　　「落ち着きっぷり」
　　「おっとりと」

周也　「ちんもくが苦手」「そわそわ」
　　　「ぺらぺらとよけいなことばかり」
　　　「ぼくの言葉は軽すぎる」

※児童の発言に合わせて書く。

```
帰り道
```

周也
・わざわざ休んだ
・気まずいちんもくにたえられ
なくてしゃべっていた

律　思いを伝えることができた

周也　心で賛成　言葉にできない

とつぜんの雨（天気雨）

POINT　律の視点で読んだときと周也の視点で読んだときの違いをしっかりおさえたい。出来事は基本同じだがとらえ方が違って

1　第 2 章を登場人物や場面の様子を想像しながら聞き，思ったことを出し合おう。

T　今日は，「2」の「周也」の視点からのものを読みます。登場人物や場面の様子を想像しながら聞きましょう。

　　第 2 章を範読する。

周也の視点からみると，話が全然違うみたい…。

T　「2」を読んでどんなことを思いましたか。
C　律の思いと周也の思いが違っていてびっくりしました。
C　律から見たら周也は気にしていなさそうだったのに，周也も気にしていたのだと分かって驚きました。

2　第 2 章の出来事を整理しよう。

T　律の視点から読んだときと，周也の視点から読んだときの違いは何ですか。
C　律はにらまれたと思っていたけど，周也は軽くつっこんだつもりだったことです。そうと知って驚きました。
C　周也は仲直りしたくて，野球の練習を休んだのに，もともと休みのように言ったら，律には伝わっていなかったこと。
C　律は周也のおしゃべりはいつも通りだと思っていたけど，周也は気まずいちんもくに耐えられなくて，しゃべっていたこと。
C　律は周也が返事をしない自分に白けてだまったと思っていたけど，周也は母親の小言からいろいろ考えていたら言葉が出なくなっただけだったこと。

　　それぞれの視点での違いをしっかりおさえ，同じ出来事に対する律と周也のとらえ方の違いに気づかせる。

帰り道

め　周也の視点で読み、周也と律の人物像を考えよう

②　周也の視点
☆　律のとらえ方と比べて

〈できごと〉

昼休み
「どっちが好き」ゲーム
律　にらまれたと思った
周也　軽くつっこんだつもり

いっしょに帰ることに
律　・休みだと思っていた
　　・周也はいつも通りのおしゃべり

いることに気づかせる。

3　周也の視点から読んで、律と周也の人物像を考えよう。

T　周也の視点で読むと、周也は律のことをどんな人だと考えていますか。また、周也自身のことをどう考えているでしょう。理由もあわせて教えてください。

「よゆうが見て取れる」「落ち着きっぷり」とあるから、周也は律のことを余裕がある人と思っているんだなぁと分かります。

「ぼくの言葉は軽すぎる」から、周也は自分のことを軽い人でうまくいかないと思っています。

以下のような教材文の記述を基に意見を出し合わせる。
○　律については、「はっきりしない律」「おっとりと」「よゆうが見て取れる」「落ち着きっぷり」などから。
○　周也については、「ぺらぺらとよけいなことばかり」「そわそわ」「ぼくの言葉は軽すぎる」などから。

4　律と周也の人物像について話し合おう。

T　この物語は同じ出来事を「1」では律の視点から、「2」では周也の視点から語っています。読者である私たちは、どちら側からも読めます。では、「1」と「2」を読んで、両方を知ったうえで、自分は律と周也のことをどう思いますか。話し合ってみましょう。

2人とも自分に自信がないんだね。

周也も律と同じで気にしているんだなあ。

律は周也と比べて自分に自信がない感じだったけれど、実は周也も律と比べていたから、似た者どうしだと思った。

律から語られていたときは正反対の性格みたいだったけど、周也側を読むと印象が変わった。

T　グループで話し合ったことを発表しましょう。
全体で交流し、学習を振り返る。

本時の目標　律と周也の関係の変化を，「言葉」や「雨」の描写からとらえて考えることができる。

板書例

③
〈雨の意味〉

律 …なやみを消す
　　なやみを洗い流す

周也…律がいっしょに
　　　笑ってくれた
　　　↓
　　　心が近づいた

※児童の発言に合わせて書く。
　意味づけは自由でよい。

④
◇まとめの感想を書こう
〈観点〉
・内容について
・構成（書かれ方）について

POINT　視点の違いをより意識させるために，出来事レベルではなく，「言葉」や「雨」などにしぼって，お互いのとらえを深く

1 2人の会話文を探そう。

T　今日は律と周也の会話に注目して考えていきましょう。

T　律と周也が帰り道でどんな会話をしていたか，文章から抜き出しましょう。

まず，最初の会話文「あれ。周也，…」は，律の言葉だね。

そうだね。それに答えた「今日はなし。…」は周也の言葉。

それから，周也の言葉がいくつも続く。

ノートかワークシートQRに1と2の帰り道での会話を整理させる。それぞれの側からは書かれていない会話もあるので，両方から整理する必要がある。

　お互いの沈黙と会話を整理することで，それぞれの内面，分からないゆえのすれ違いを整理し，2人の関係の変化を考えさせる。

2 律と周也それぞれにとっての「言葉」についての考えを話し合おう。

T　律と周也はそれぞれ，「言葉」や「言葉にすること」についてどんな思いや考えがありますか。グループで話し合ってみましょう。

律は言葉にできることが大事だと思っていたんだね。

周也はたくさん言葉にはするけど，自分ではうまくできていると思っていないんだね。

T　律にとってどんな思いがあると考えましたか。
C　言葉にできたら周也と肩を並べられるということは，言葉にできる人が優位に立つと考えていた。
C　言葉がなくても分かってもらえた気がしたところは，律は周也のことを信じられるようになった。
T　周也にとっては，どうでしょう。
C　いい球が投げられないというところから，周也自身はうまく言葉にできているとは考えていない。
C　最後は初めて言葉にできなくても分かり合えた。

帰り道

め　律と周也の関係の変化を考えよう

❷

〈言葉・言葉にすること〉

律…言葉にできたら、周也と肩を並べられる
　←
言葉がなくても分かってもらえた気がした

周也…ぼくの言葉は軽すぎる
　うまく言葉にできない
　←
初めて律の言葉をちゃんと受け止められたのかもしれない

考えさせたい。

3　律と周也それぞれにとっての雨の意味を考えよう。

T　降り出した雨は，律と周也それぞれにとってどんな意味があったのでしょう。話し合いましょう。

律は「みぞおちの異物が消えてきた」とあるから，悩みが消えたのかな。ちっぽけな悩みに思えたのかも。

話しかけても律が答えてくれなかったのに，雨が降ったことで一緒に笑えたから，周也は心が近づいたと思ったんじゃないかな。

T　律にとって，周也にとって，天気雨がそれぞれどんな意味があったと考えたのか発表してください。

話し合ったことを全体で交流する。

天気雨は，律にとって「悩みをながす存在」であり，周也にとっては「律の新たな一面を見せてくれたもの」といえる。

4　2つの観点からまとめの感想を書こう。

T　律からの語りと周也からの語りを両方読んできたうえで，まとめの感想を書きます。

T　「内容について」と「書かれ方について」の，2つに分けて書いてみましょう。

律は周也と比べて自分に自信がない感じだったけれど，実は周也も律と比べていたから，似た者どうしだと思った。

律から語られていたときは正反対の性格みたいだったけど，周也側を読むと，印象が変わった。

まとめとして，内容と構成の両面からそれぞれ感想を書かせる。

帰り道

第 5 時 （5/5）

板書例

④

◇ 視点や構成に着目して本を読もう

『なみだの穴』
『わたしの苦手なあの子』
『流れ星キャンプ』

◇ 読み取ったことをいかして音読しよう

☆ 二人の人物像が伝わるように

③

〈感想を聞いて思ったこと〉

・「よく分かるな」
・同じところ，ちがうところ

・だれの視点で書かれているか注目
・相手の気持ちが分かるのがおもしろい
・同じ場面の対比がおもしろい

※

POINT　まとめの感想を羅列するのではなく「内容について」「書かれ方（構成）について」と分けて交流することで，お互いの

1　内容についての感想を知り合おう。

T　まとめの感想について知り合います。まずは，<u>内容についての感想を知り合いましょう</u>。

あたりまえだけど，お互いのことが分からないんだと思いました。

何気なく話している言葉が，相手からどうとらえられるか考えさせられました。

律と周也が分かり合えたのは，一緒に笑い合えたからだと思います。

前時に書いたまとめの感想の「内容について」を交流し，それぞれの感想について思ったことを出し合う。全体で交流するのが難しい場合はグループで取り組んでもよい。
<u>児童の感想を数人分プリントにして読み合うのも効果的である。</u>

2　書かれ方（構成）についての感想を知り合おう。

T　この物語は書かれ方（構成）が特徴的でした。<u>書かれ方についての感想を知り合いましょう。</u>

今まで物語を読むときに視点のことを考えたことがなかったけれど，今度読むときは，だれの視点で書かれているのかに注目してみようと思いました。

自分から見たら相手の気持ちが分からないけど，この物語は相手側が分かるのが面白いと思いました。

笑い合ったあとの律の言葉は，自分ではしどろもどろだと思ったけど，周也は律が「ひとみを険しくして」と感じたのが，対比できて面白かったです。

前時に書いたまとめの感想の「書き方について」を交流し，それぞれの感想について思ったことを出し合う。全体交流が難しい場合はグループで取り組んでもよい。
「内容について」と同様に，児童の感想を数人分プリントにして読み合うのも効果的である。

帰り道

め まとめの感想を交流しよう

◯ 感想を交流しよう

〈内容について〉
◯ 律と周也の関係
・おたがいの思いは分からない
・分かり合えたのは、
いっしょに笑い合えたから
◯ 言葉・言葉にすること
・何気なく話している言葉を
相手はどうとらえているか

〈書かれ方について〉
◯ 律の視点、周也の視点
、◯ 共通点、ちがう点

※

※児童の発言に合わせて書く。

感想に出会えるようにしたい。

3 読み取ったことをいかして 音読しよう。

T 「内容」や「書かれ方（構成）」についての友達の考えを聞いて,「なるほど」「よく分かるな」と思ったことを発表してください。
友達の意見を聞いた感想を交流する。

T 読み取ったことをいかして, まとめの音読をしましょう。

ぼくは「1」の律の視点の, 天気雨が降り出した場面を読むよ。

じゃあ, 私は,「2」の周也の視点で, 同じ場面を読むことにするね。

ペアやグループで音読を聞き合う。
長い物語なので全文読めなくてもよい。場面を決めておこなう。

4 学習を振り返ろう。 視点や構成の工夫がされた本を知ろう。

T 学習を振り返りましょう。
教科書P39「ふりかえろう」やP40「たいせつ」を読むなどして, 学習を振り返る。

T 教科書40ページには, 同じ出来事が, 別の視点からはどう見えるのかなど, 視点に着目して楽しむ物語の本が紹介されています。

3冊紹介されているね。

私はキャンプが好きだから『流れ星キャンプ』を読んでみたいな。

教科書P40に取り上げられている本の紹介をする。
図書室の先生と連携して, 他にも視点や構成の工夫がされている本があれば紹介したい。
学級に置くなど, 児童が手にとりやすい工夫もしたい。

公共図書館を活用しよう

全授業時間 1 時間

◎ 指導目標 ◎

・日常的に読書に親しみ，読書が，自分の考えを広げることに役立つことに気づくことができる。

◎ 指導にあたって ◎

① 教材について

地域にある施設はどのようなものがあるのか，関心をもち，図書館以外の施設にも足を運べる児童を育てます。図書館には，よく行ったことがあるという児童は多いでしょう。しかし，博物館や文学館には，足を運んだことがある児童は少ない傾向にあります。

日常的に，地域にある公共施設を利用する児童を育てましょう。最初は「楽しそう」「行ってみたい」で大丈夫です。次第に，「調べたいことがある」「総合的な学習にいかせる」など，児童が意欲的に活動できるようになります。

読んだ本や調べた内容は，記録することで，学習にいかすことができます。記録の仕方は様々です。しかし，最初はきちんと項目を伝えることが大切です。まずは，基本をおさえます。基本をくり返すことで，「自分なりの記録の仕方」「自分なりの学習の仕方」が身についていくでしょう。

② 個別最適な学び・協働的な学びのために

本単元の 1 時間だけで力をつけることはできません。この単元での学習は，きっかけです。社会科や総合的な学習，自主学習，そして自分が興味をもった学習などで，公共施設を積極的に使えるようにすることが大切です。そして，読んだこと，調べたことを記録に残し，学習にいかせるようにしましょう。この単元で学習したことを意識しながら，国語科の残りの単元，その他の教科を進めていきます。

学習を積み重ね，学習したことを自然と使えるような児童を育てましょう。

◎ 評価規準 ◎

知識 及び 技能	日常的に読書に親しみ，読書が，自分の考えを広げることに役立つことに気づいている。
主体的に学習に取り組む態度	進んで公共図書館の役割や特徴について知り，学習課題に沿って利用してみたいものや本の記録のしかたについて考えようとしている。

◎ 学習指導計画　全 1 時間 ◎

次	時	学習活動	指導上の留意点
1	1	・公共図書館を利用した経験を想起する。 ・利用できる資料やサービスを知る。 ・図書館以外の施設について調べる。 ・読んだ本や調べたことの記録の仕方を知る。	・地域の地図をサイトやアプリで用意しておく。 ・施設のホームページアドレスやパンフレットを用意しておく。

公共図書館を活用しよう　51

本時の目標　日常的に読書に親しみ，読書が，自分の考えを広げることに役立つと気づくことができる。

板書例

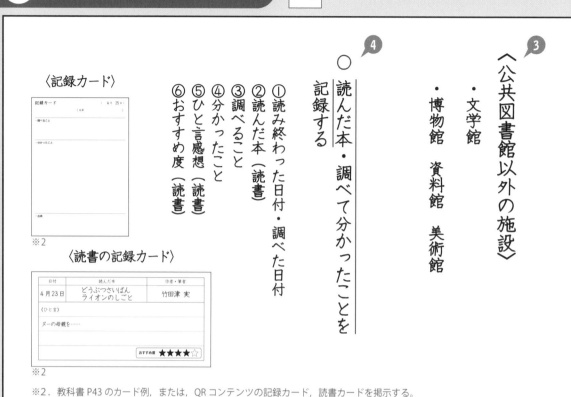

③ 《公共図書館以外の施設》
・文学館
・博物館　資料館　美術館

④
○ 読んだ本・調べて分かったことを記録する

① 読み終わった日付・調べた日付
② 読んだ本（読書）
③ 調べること
④ 分かったこと
⑤ ひと言感想（読書）
⑥ おすすめ度（読書）

〈記録カード〉
※2

〈読書の記録カード〉

日付	読んだ本	作者・筆者
4 月 23 日	どうぶつさいばん ライオンのしごと	竹田津 実

〈ひとこと〉
ヌーの母親を……

おすすめ度 ★★★★☆

※2

※2．教科書 P43 のカード例，または，QR コンテンツの記録カード，読書カードを掲示する。

POINT　図書館などの公共施設を利用し，調べたことがあったら記録カードに書く活動は，この単元だけでなく，年間を通して，

1　公共図書館を利用した経験を話し合おう。

T　みんなが住んでいる地域の公共図書館に行ったことがありますか。
C　3 年生のときに見学で行きました。
C　図書館の「読み聞かせの会」に友達と行きました。

校区の地図を示し，どこに公共図書館があるのかを調べさせる。校区になければ，市町村レベルに引き上げ，自分たちの生活圏に一番近い公共図書館に焦点を当てる。

T　公共図書館では，どんなサービスを受けることができましたか。
C　本を借りることができます。
C　借りたい本を違う図書館から取り寄せてもらいました。
C　本を借りる以外もサービスがあるみたいです。

T　他にどんなサービスがあるか，調べてみましょう。

2　公共図書館で利用できる資料やサービスを確認しよう。

T　公共図書館のホームページやパンフレットで，どのようなサービスが受けられるか，調べましょう。

公共図書館のホームページやパンフレットで，公共図書館でどのようなサービスを受けることができるのかを調べ，ペアやグループで情報を交換する。
教師は，児童のタブレットに，ホームページアドレスやパンフレットの画像を送信しておく。

新聞や雑誌もあるよね。

点字の本もあるんだね。

ほしい資料も印刷してくれるね。

音声読み上げ機もあるんだ。

T　図書館にはいろいろなサービスがあることが分かりましたね。
T　では，図書館以外にも，公共施設はありますか。調べてみましょう。

準備物
・校区や地域の地図
・校区や市町村にある図書館, 資料館などの資料
・記録カード QR
・読書カード QR

ICT 校区や地域の地図は, 地図アプリを使って全体で共有する。施設のホームページアドレスを共有しておく。記録・読書カードの元と見本も共有しておく。

公共図書館を活用しよう

め 公共図書館や公共施設を活用しよう

① 〈公共図書館を利用したとき〉
・三年生の見学
・読み聞かせの会
※1

② 〈公共図書館で利用できるサービス〉
本 新聞 雑誌 音声 映像
地域の資料 点字 外国語
音声読み上げ機 拡大読書機
※1

※1. 児童の発言を板書する。

さまざまな教科でくり返し行うことが大切。

3 図書館以外の施設には, どんなものがあるのかを知ろう。

教科書 42 ページの下半分を読み, 公共図書館以外にも, 地域にはさまざまな公共施設があることを理解させる。

T 図書館以外に, 公共施設があることが分かりましたね。みんなの住んでいる地域にも, どのような公共施設があるのか調べてみましょう。

住んでいる市町村のホームページアドレスやパンフレットを, 児童のタブレットに送信する。

調べる範囲を, 都道府県レベルに引き上げてもよい。

文学館ってどんなところかな。

博物館なら行ったことあるよ。

美術館がお気に入りです。

ホームページがあるから調べてみよう。

どのようなことができるのか, それぞれの施設のホームページで確認する。

4 読んだ本や調べた本の記録の仕方を知ろう。

T いろいろな公共施設があって, それぞれでサービスを受けることができることが分かりました。調べたり, サービスを受けたりした後は, どうしますか。

記録をつけると忘れません。

みんなにも調べたことを紹介したいです！

教科書 43 ページ下半分の記録カードの例をもとに, 記録カードや読書カードを紹介し, 書き方を確認する。

T まずは, 学校の図書館で借りた本の記録を作成しましょう。
C 今度, 博物館に行ったら書いてみよう。
C どんどん記録カードを増やしていこう。

漢字の形と音・意味

◎ 指導目標 ◎

・漢字の由来，特質などについて理解することができる。
・第 6 学年までに配当されている漢字を読むとともに，漸次書き，文や文章の中で使うことができる。

◎ 指導にあたって ◎

① 教材について

　児童はこれまでに，漢字には意味があることや部分によって組み立てられているものがあることを，学習してきました。本単元では，これまでの学習経験を基に漢字がもっている同じ部分に注目しながら，その形と音・意味を結び付けて考えさせていきます。

　児童の中には，漢字に対する苦手意識をもっている児童が少なくありません。機械的な暗記を知ることで，漢字の学習はずいぶんと楽なものになるはずです。それは，漢字を思い出すとき，新出漢字の読み方を推測するとき，そして漢字の意味を考えるときにも，大きな手がかりとなるでしょう。

② 個別最適な学び・協働的な学びのために

　教科書に提示された問題に答えるだけでなく，その考え方を使ったクイズを作ったり解き合ったりしていくことで，児童の意欲を高めていきます。このとき，国語辞典や漢字辞典，教科書巻末にある「六年間に習う漢字」を活用し，漢字のつくりの普遍性を実感させるとともに，漢字への興味・関心を深めていきます。

　漢字学習は，単なる反復練習でなく，意味や字形を意識してとらえるようになると，主体的な学習につながります。本単元で扱う，漢字の形と音の視点をもてば，教育漢字の多くの字になんらかの共通点を見つけることができます。

　本教材で扱う漢字だけでなく，この後に出てくる新出漢字などでも，機会があるごとにこの話題に触れて，漢字の形や音に対する意識を継続させたいものです。

知識 及び 技能	・第6学年までに配当されている漢字を読むとともに，漸次書き，文や文章の中で使っている。 ・漢字の由来，特質などについて理解している。
主体的に学習に取り組む態度	進んで漢字の由来，特質などについて理解し，これまでの学習をいかして漢字を文や文章の中で使おうとしている。

◎ 学習指導計画　全2時間 ◎

次	時	学習活動	指導上の留意点
1	1	・「求」「球」「救」の3つの漢字の共通点について考える。 ・同じ部分をもつ漢字には，音も共通する場合があることを理解する。 ・教科書の問題文の□にあてはまる漢字について，考える。 ・同じ部分と同じ音をもつ漢字を集め，漢字クイズを作って解き合う。	・学習のめあてを提示する前に3つの漢字に共通することを問いかけ，学習への意欲を高める。 ・同じ部分と同じ音をもつ漢字が，他にもたくさんあることに気づかせる。 ・児童と相談し，答えの候補となる漢字を全く見せないで答えを考えさせると，より楽しく活動できる。 ・時間内に発表できなかった漢字クイズは，教室内などに全て掲示する。
1	2	・例文の□にあてはまる「彳」（ぎょうにんべん）のつく漢字を考える。 ・同じ部分をもつ漢字には，意味のうえでつながりのある場合があることを理解する。 ・「月」（にくづき）のつく漢字について考える。 ・「うかんむり」など4つの部分をもつ漢字を集めて意味を考える。 ・同じ部分と同じ意味をもつ漢字を集め，漢字クイズを作る。	・同じ部分をもつ漢字の共通点について，「何に関係する言葉が多いか」と聞くと，児童が焦点を絞って考えやすくなる。 ・教科書の絵で体に関係があることを確かめさせる。 ・同じ形で異なる部首として「つき・つきへん」があることも説明しておく。 ・教科書巻末の「六年間に習う漢字」を活用する。部首も書いてあることに着目させる。 ・漢字を探すだけでなく漢字クイズを作って，理解を深めさせる。

板書例

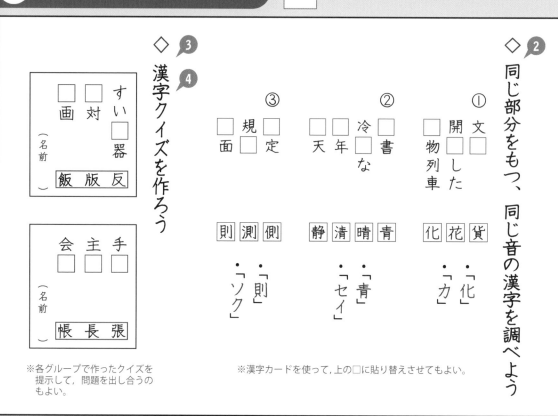

◇ ③ ④ 漢字クイズを作ろう

```
□ □ す
画 対 い
      □
      器

（名前      ）

飯 版 反
```

```
会 主 手
□ □ □

（名前      ）

帳 長 張
```

※各グループで作ったクイズを提示して, 問題を出し合うのもよい。

◇ ② 同じ部分をもつ、同じ音の漢字を調べよう

③
```
□ 規 □
面 □ 定
```
則 測 側
・「則」
・「ソク」

②
```
□ □ 冷 □
天 年 □ 書
      な
```
静 清 晴 青
・「青」
・「セイ」

①
```
□ 文
開 □
□ し
物 た
列
車
```
化 花 貨
・「化」
・「カ」

※漢字カードを使って, 上の□に貼り替えさせてもよい。

POINT 漢字クイズが作りにくい児童には, 教科書巻末の「六年間に習う漢字」ページや辞書を使わせたり, ヒントとなる漢字を

1 「求・球・救」の漢字に共通することは何かを考え, 学習課題を知ろう。

教科書を閉じさせたまま, 黒板に「求」「球」「救」の3枚の漢字カードを貼る。

T　この3つの漢字で共通することは何でしょう。

求 球 救

3つとも「キュウ」という読み方です。

3つとも漢字の中に「求」があります。

T　「キュウ」は訓読みではなく, 音読みですね。

C　同じ部分があり, 同じ音読みの漢字です。

C　どれも「求」があるから「キュウ」と読むんだね。

T　では, この①～③の□に入る漢字はどれでしょう。
　　①～③の問題文を板書し, 読み方も考えさせる。

C　①の答えは「救」で読み方は「キュウジョ」です。
　　②, ③の答えも同様に確かめた後, 教科書を開かせ, P44上段の説明を読む。

T　今日は, このように同じ部分をもち, 同じ音の漢字を学習していきます。

2 □にあてはまる漢字を選ぼう。

教科書 P44 ① の①の問題を考えさせる。

T　この3つの漢字のうち, □にあてはまる漢字を選んで, ノートに文を書き写しましょう。

化 花 貨

どの漢字にも「化」の部分がある。

問題①は, どれも「カ」と読む漢字だね。

T　考えた答えを, 黒板の□に書きましょう。
　　児童を指名して書きに来させる。または, 漢字カードを貼らせてもよい。

T　では, それぞれの答えになる漢字について考えましょう。どんな共通点がありますか。

C　②はどれも「セイ」という音です。

C　4つの漢字すべてに「青」という部分があります。

C　③はどれも「ソク」という音です。

C　どの漢字にも「則」という同じ部分があります。

準備物	・漢字カード QR ※板書してもよい。 ・ワークシート QR ・漢字クイズを書く画用紙かホワイトボード（班の数） ・国語辞典, 漢字辞典

ICT	漢字カードをタブレットで作成し, フラッシュカード化しておく。それを児童に共有しておくと, 休み時間などにも児童のペースで学習できる。

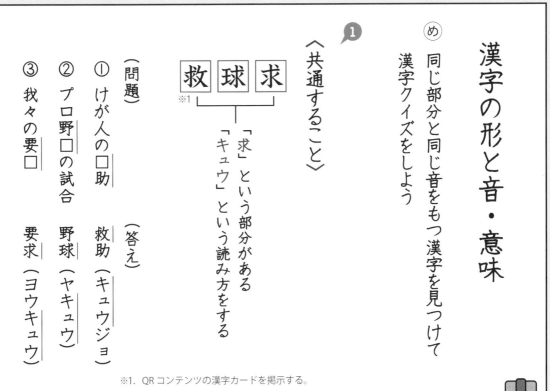

漢字の形と音・意味

め 同じ部分と同じ音をもつ漢字を見つけて漢字クイズをしよう

❶

〈共通すること〉

救　球　求
※1
└──┬──┘

「求」という部分がある
「キュウ」という読み方をする

（問題）
① けが人の□助
② プロ野□の試合
③ 我々の要□

（答え）
救助（キュウジョ）
野球（ヤキュウ）
要求（ヨウキュウ）

※1. QR コンテンツの漢字カードを掲示する。

示したりする。

3 漢字クイズをみんなで作ろう。

T　同じ音で同じ部分をもつ漢字を探して, 例のようにクイズを作りましょう。(例：「反」, 板書参照)

　　教科書 P285 〜「六年間に習う漢字」を使って漢字を見つけさせる。必要に応じて, 適宜ヒントを与えていく。「反」の他に,「長, 票, 責, 方, 由, 成, 泉, 比, 安」など, いくつか漢字を提示してもよい。

T　クイズにするには前後の漢字や文章も必要ですね。国語辞典や漢字辞典も使って考えましょう。

「長」で考えてみよう。

じゃあ, この3つの漢字を使った言葉を考えればいいね。

「チョウ」という音だね。「長」と「張」と「帳」の字があるよ。

会長, 主張, 手帳の3つでクイズが作れそうだね。

出来上がったクイズは, 画用紙かホワイトボードに書かせる。

4 作った漢字クイズを出し合おう。

T　作ったクイズを出し合いましょう。

クイズです。□に入る漢字はどれでしょう。

会	主	手
□	□	□

（名前　　　）

帳　長　張

手帳, 主張, 会長です。どれも「長」があって,「チョウ」と読みます。

　　グループに分かれてクイズを出し合う方法でも, 順番に書き上げたクイズを黒板に貼り, 答える方法でもよい。また, 児童と相談したうえで, 答えとなる漢字を隠して考えさせても楽しい。問題を解く困難さが高まる分, 教室が盛り上がる。
　　授業時間内に全員のクイズを解く時間が取れない場合には, 教室内などに掲示し, 書き込んだ答えの上に紙を貼り, めくれるようにしておくとよい。

本時の目標 同じ部分をもつ漢字は，意味も共通する場合があることを理解することができる。

板書例

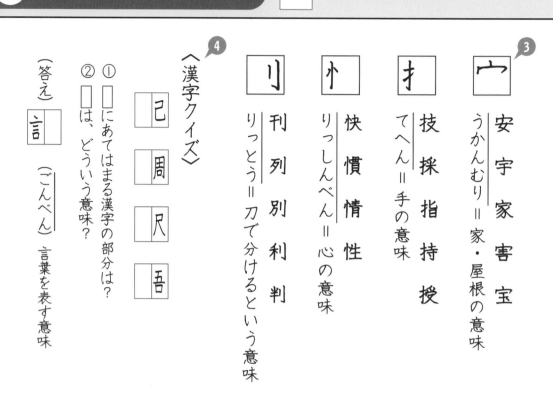

③
宀
安宇家害宝
うかんむり＝家・屋根の意味

扌
技採指持授
てへん＝手の意味

忄
快慣情性
りっしんべん＝心の意味

刂
刊列別利判
りっとう＝刀で分けるという意味

④
〈漢字クイズ〉
己周尺吾
①□にあてはまる漢字の部分は？
②□は、どういう意味？
（答え）言（ごんべん）言葉を表す意味

POINT 展開3の活動が本時の中心的な活動になってくる。クイズは，時間の関係で，方法だけ教えて自由課題としたり時間内に

1 □に漢字を入れ，その共通点を考えよう。

教科書は閉じたまま，「□所（やくしょ），□歩（とほ），□□（おうふく）」，「招□（しょうたい），□意（とくい）」，「法□（ほうりつ）」と板書する。※（ ）の中の文字はフリガナとして書く。

T □にどんな漢字が入りますか。書きましょう。
T 答えが書けましたか。□に入れた漢字で共通している部分は，どこですか。

1行目の答えは，役，徒，往復で，2行目は待，得，3行目は律です。

共通しているのは，辺の部分の「彳」です。

T これは，「ぎょうにんべん」といいます。「彳」のついた漢字には，どんな共通点があるでしょう。
C 音は違うから，意味が同じなのかな？
T 「彳」は，「行く」や「道」などに関係する漢字に使われます。今日は，このような意味のつながりのある，同じ部分をもつ漢字を学習します。

2 月（にくづき）をもつ漢字の意味について考えよう。

T 「脳」という漢字についている「月」は，「にくづき」と言います。「月」のつく漢字を探しましょう。

肺と腸と腹。
それに，服。朝はどうかな？

知っている漢字を発表させる。教科書P285～「六年間に習う漢字」で調べさせ，隣と相談させてもよい。

T 「にくづき」は，どんな漢字に使われるでしょう。
C 肺も腸も腹も体の一部分です。
T 教科書45ページを開けて，「ぎょうにんべん」と「にくづき」の意味を確かめましょう。
C 服や朝は体に関係がないけど…。
T 「にくづき」の他に，「つき」「つきへん」という部首もあります。漢字辞典の部首のところに「肉」「月」と書かれていますから確かめてみましょう。

準備物
・漢字部首カード QR　・ワークシート QR
・部首名を書いた紙を入れた漢字クイズ用の箱
・漢字クイズを書く画用紙（班の数）
・国語辞典, 漢字辞典

ICT 漢字クイズをタブレットで作成し, クイズを共有できるようにしておく。全員がいつでも閲覧できるようにしておくと, 時間があるときにクイズの出し合いができる。

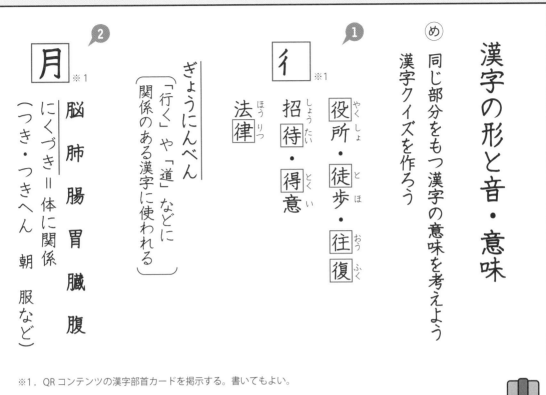

漢字の形と音・意味

め 同じ部分をもつ漢字の意味を考えよう
漢字クイズを作ろう

① 彳 ※1
役所（やくしょ）・徒歩（とほ）・往復（おうふく）
招待（しょうたい）・得意（とくい）
法律（ほうりつ）
ぎょうにんべん
「行く」や「道」などに関係のある漢字に使われる

② 月 ※1
にくづき＝体に関係
脳 肺 腸 胃 臓 腹
（つき・つきへん 朝 服など）

※1. QRコンテンツの漢字部首カードを掲示する。書いてもよい。

出題して答えさせたりなど臨機応変に扱う。

3 同じ部分をもつ漢字を集め, その部分が表す意味を考えよう。

教科書 P45 の設問②に取り組ませ, それぞれ 3 〜 5 字をめどに調べさせ, 発表させる。

C 「宀」のつく漢字は, 安, 宇, 家などがあります。

C 「扌」のつく字は, 技, 採, 指, いっぱいあるよ。

T では, それぞれの意味を隣の人と話し合って考えましょう。

「扌」は, 何か手に関係がありそう。

「宀」は, 傘とか屋根みたいな形だけど…。

意見が出尽くしたころを見計らって, 漢字辞典で部首名と意味を確認させる。

C 「宀」は「うかんむり」で「家とか屋根」の意味。

C 「てへん」は, やっぱり手の意味で, 手に関係のある字に使われています。

4 同じ部分をもつ漢字を使って, クイズを作ろう。

T 漢字クイズです。①□に入る部分は何でしょう。②□は, どんな意味でしょう。（板書例参照）

C 「言」が入りそうです。意味は「言葉」を表しています。「ごんべん」です。

T 今度はみなさんにもクイズを作ってもらいます。

班の数に合わせ,「くさかんむり」「さんずいへん」「きへん」「いとへん」「くにがまえ」「しんにょう」などと書いた紙を 2 つ折りにして箱に入れておく。

T 箱の中の紙を班で 1 枚ずつ引きましょう。

T 引いた紙に書いてあった部分を使って, クイズを作りましょう。

たくさん, 漢字がありそう。

「木」って書いてある！

意味も簡単。「木」に関係している。

板, 桜, 横, 校…。

作ったクイズは, 画用紙に書かせる。教室に掲示しておき, みんなが答えられるようにする。

ワークシート　漢字の形と音・意味

名前（　　　　　　　　　）

● 例にならって、同じ部分と同じ音をもつ漢字を見つけましょう。

同じ部分・音読み	漢字	言葉・文章
[例] 反 （ ハン ）	飯 版　反	ご（ ）器 （ ）対の意見 美し（ ）画
□ （　　　　）		
□ （　　　　）		
□ （　　　　）		
□ （　　　　）		
□ （　　　　）		

音楽研

ワークシート　漢字の形と音・意味

名前（　　　　　　　　　　　　）

● 次の部分の名前と意味を書きましょう。また、その部分をもつ漢字を書きましょう。

例	月	名前	にくづき
		意味	体に関係のある漢字
		漢字	脳　臓　肺　胃　腸
①	宀	名前	
		意味	
		漢字	
②	扌	名前	
		意味	
		漢字	
③	忄	名前	
		意味	
		漢字	
④	刂	名前	
		意味	
		漢字	
⑤	辶	名前	
		意味	
		漢字	
⑥	广	名前	
		意味	
		漢字	

喜楽研

春のいぶき

全授業時間 1 時間

◎ 指導目標 ◎

・語句と語句との関係について理解し，語彙を豊かにするとともに，語感や言葉の使い方に対する感覚を意識して，語や語句を使うことができる。

・目的や意図に応じて，感じたことや考えたことなどから書くことを選び，伝えたいことを明確にすることができる。

◎ 指導にあたって ◎

①　教材について

　　6 年生の「季節の言葉」では，日本の四季を豊かに表現する「二十四節気」の言葉について学習します。本教材「春のいぶき」では，そのうち，暦のうえで春を表す 6 つの言葉と，春を詠んだ俳句や短歌を紹介しています。児童が知っている「立春」「春分」といった言葉の他にも，様々な言葉と出合うことができます。今とは異なる四季感や事細かに分かれる季節の移り変わりから，昔の人々の季節に対する意識の違いや季節を大切にしてきた思いが感じられるでしょう。自分の感じる春を表現しようとするきっかけとなる教材です。

②　個別最適な学び・協働的な学びのために

　　自分が住む地域で感じる身近な春を，俳句や短歌に表して書きます。このとき，近くの人とアドバイスし合いながら作成していきます。1 人で考えるよりも，友達と対話をすることで新たな気づき，発見が生まれることでしょう。作った俳句や短歌は，それぞれの作品に込めた思いなどもあわせてグループで発表し，内容と表現の工夫に着目して感想を交流します。

◎ 評価規準 ◎

知識 及び 技能	語句と語句との関係について理解し，語彙を豊かにするとともに，語感や言葉の使い方に対する感覚を意識して，語や語句を使っている。
思考力，判断力，表現力等	「書くこと」において，目的や意図に応じて，感じたことや考えたことなどから書くことを選び，伝えたいことを明確にしている。
主体的に学習に取り組む態度	積極的に季節を表す語彙を豊かにし，これまでの学習をいかして俳句や短歌を作ろうとしている。

◎ 学習指導計画　　全 1 時間 ◎

次	時	学習活動	指導上の留意点
1	1	・「春のいぶき」という言葉からイメージするものを出し合う。 ・教科書で示されている二十四節気，短歌，俳句を声に出して読む。 ・自分の地域で感じる「春」を俳句や短歌の形式に表して書く。 ・自分の感じる春が表れるような言葉を選んで作る。 ・書いた作品をグループで読み合う。 ・春の感じ方，言葉の選び方や使い方，語感など，内容と表現の工夫に着目して感想を伝え合う。	・「春」という言葉から連想する言葉をイメージマップでまとめる。 ・俳句と短歌の形式や決まりを確認したうえで，自分の地域や身近なところの「春」を表現するものを書くようにさせる。 ・友達とアドバイスしたり，教え合ったりして書くことも認める。 ・グループでそれぞれの作品に込めた思いもあわせて交流させる。

春のいぶき　63

本時の目標：「春」という言葉からイメージをふくらませ，春に関する俳句や短歌の形式に表すことができる。

板書例

❸
◇「春」を俳句や短歌に表そう

俳句（五・七・五）… 十七音
☆俳句は季語を使う（※二重季語はさける）

短歌（五・七・五・七・七）… 三十一音

❹
◇俳句や短歌を読み合おう
・春らしい表現が使われている
・よみ手の感じた春が伝わってきた
・よかったところ　など

啓蟄（けいちつ）	三月六日ごろ
春分（しゅんぶん）	三月二十一日ごろ
清明（せいめい）	四月五日ごろ
穀雨（こくう）	四月二十日ごろ

※春の校庭や校区の様子を撮った写真を掲示する。

POINT イメージマップを使って，「春」という言葉からイメージを広げる。また，春の様子の写真を提示して，イメージをより

---

1 「春」という言葉から，イメージを広げよう。

T 「春」という言葉から，どんなことをイメージしますか。

 春と言えば，「桜」をイメージします。

 他にも入学式や卒業式もあるよ。

　まず，個人で春といえばどのようなものをイメージするのかを考えさせ，ノートにイメージマップを書かせる。イメージをよりふくらませられるよう，春の校庭や校区の様子を撮った写真を掲示する。

T どのような言葉が見つかりましたか。
C 春という言葉から，入学式を考えました。
C 入学式から1年生をイメージしました。
C 春という言葉から，桜を連想しました。
　全体で言葉を出し合い，板書でイメージマップに表す。

T たくさんの「春」をイメージする言葉が集まりましたね。

2 二十四節気を知り，春に関する俳句や短歌を声に出して読もう。

T 日本には，古くから「二十四節気」というものがあります。暦の上で，季節を24に区切って表す考え方です。そのうち6つが春を表す言葉です。どのような言葉があるのか，調べてみましょう。
　教科書P46，47を読んで確かめる。

T 立春，雨水，啓蟄，春分，清明，穀雨と，日本には春を表す言葉がこれだけ豊かにあるのですね。
C 立春と春分は，ぼくたちも知っている言葉だね。
T 春を表現した短歌や俳句を音読しましょう。
　教科書P46，47の短歌1首と俳句2句を音読する。

T それぞれの短歌や俳句にある，季節を表す言葉は分かりましたか。
C 短歌は，「雪解のしづく」に季節を感じます。
C 俳句の方は，二十四節気の言葉「啓蟄」と「穀雨」です。これが季語だと思います。
T この3つの短歌と俳句を読むと，どのような景色が思い浮かびますか。
　想像した景色や感想を発表させ，交流する。

| 準備物 | ・春の校庭や校区の様子を撮った写真
・資料「季語」 QR
・俳句・短歌を書く用紙 (ノートでもよい) |

| I
C
T | 学校内や校区の春の様子をタブレッ
トで撮影し, それを見ながら俳句や
短歌を作成すると, イメージが湧き
やすくなる。 |

め 春を表す俳句や短歌を作ろう

春のいぶき

①

一年生

入学式

春

卒業式

桜

※クラス全体の意見をまとめながら,
　「春」から連想するイメージマップを作る。

② 〈二十四節気　春〉

こよみのうえで季節を
二十四に区切ったもの

立春　二月四日ごろ

雨水　二月十九日ごろ

広げさせる。

3 俳句や短歌に表そう。

　　俳句や短歌の形式 (字数, 季語など) を確認し, 「春」を表現する俳句や短歌を作ることを伝える。

T　どんな「春」を表すものを作ってみたいですか。

C　今年は卒業式だから, 想像して作ってみよう。

C　桜がきれいな川沿いの道をみんなに紹介したいな。

T　俳句か短歌のどちらかを選んで作ってみましょう。
　自分が感じた「春」がみんなに伝わるように, うまく言葉を選んで俳句や短歌に表してみましょう。
　まずは, 1人で考えて, ノートに書かせる。

T　書けたら, 隣の人に相談してもいいですよ。

大好きな
桜トンネル
おめでとう

最後は「おめでとう」より, 「ありがとう」にしたらどうかな。ありがとうの方が卒業を表現できると思うよ。

その方がよさそう。その部分を変えてみよう。

見直し後, 清書させる。

4 グループで読み合おう。
学習を振り返ろう。

T　作った俳句や短歌をグループで交流します。作品を読んだら, 友達にどのようなことを伝えてあげるとよいでしょう。

C　春らしい表現が使われているところです。

C　作った人の感じる春が伝わってきたところです。

C　よかったところや, 自分の感想です。

T　では, そのことに気をつけて, 読み合いましょう。

○○さんが春を感じるのは, 桜が咲いたときなんだね。満開の桜の様子がよく伝わってきたよ。

◇◇さんは, 手作りのよもぎ餅を食べるときなんだね。よもぎの匂いってどんなのかな。

T　学習を通して考えたことやできるようになったことを振り返りましょう。書けたら発表しましょう。

聞いて，考えを深めよう

全授業時間 6 時間

◎ 指導目標 ◎

・語感や言葉の使い方に対する感覚を意識して，語や語句を使うことができる。
・話し手の目的や自分が聞こうとする意図に応じて，話の内容を捉え，話し手の考えと比較しながら，自分の考えをまとめることができる。
・日常よく使われる敬語を理解し使い慣れることができる。

◎ 指導にあたって ◎

① 教材について

　本単元は，立場や年齢の異なる人にインタビューをする活動を通して，話し手の目的や自分が聞こうとする意図に応じて，話の内容を捉えることや，話し手の考えと比較しながら，自分の考えをまとめることをねらいとしています。

　児童は，これまで対話やインタビューなどの活動をさまざまな場面で経験しています。本単元では，自分とは立場や年齢の異なる人から話を聞くことのよさや，その際に留意しておくことは何かということ，そして相手の思いや考えを受け止めながら自分の考えを深めていくことについて，あらためて意識させながら取り組ませたいところです。

　本単元のような「話す・聞く」の学習では，教師主導による「インタビュー体験」になりがちです。もちろん体験から学ぶことは重要な要素ですが，そこに「目的意識」や「課題意識」があるかどうかで学習の様相は全く違うものになります。最高学年として 4 月にスタートを切り，教師や友達との関係性を深めながらさまざまな学習活動が充実した動きを見せるようになる 5 月のこの時期に，なぜ本教材が位置付けられているのか，その意味や意図をいかした単元になるように，教科書の流れを土台としながら学校の状況や児童の実態に合わせて単元構成を考えるようにしましょう。

② 個別最適な学び・協働的な学びのために

　本単元の中心となる言語活動は「インタビューをすること」です。児童が行うインタビューが充実したものとなるように「1 人で学ぶ」「みんなと学ぶ」という意識を明確にもたせながら単元の学習計画に沿って細かな言語活動を積み重ねていく必要があります。

　その際，個々の児童に「目的意識」「課題意識」をもたせることが本単元の肝となります。「学校のよいところはどんなところか」「学校に関わっている人は，学校のよいところをどのように思ったり，考えたりしているのか」などを問いかけ，やり取りをしながら，1 人 1 人が自分事として「目的意識」や「課題意識」をもつことなしに個別最適な学びは成立しません。そして，個々が「目的意識」「課題意識」をもって学びを共有しようとするからこそ，協働的な学びは成立するのです。

知識 及び 技能	・語感や言葉の使い方に対する感覚を意識して，語や語句を使っている。 ・日常よく使われる敬語を理解し使い慣れている。
思考力，判断力， 表現力等	「話すこと・聞くこと」において，話し手の目的や自分が聞こうとする意図に応じて，話の内容を捉え，話し手の考えと比較しながら，自分の考えをまとめている。
主体的に学習に 取り組む態度	進んで話し手の目的や自分が聞こうとする意図に応じて，話の内容を捉え，学習課題に沿ってインタビューをしようとしている。

◎ 学習指導計画　　全6時間 ◎

次	時	学習活動	指導上の留意点
1	1	・学校のよいところや，そんな学校にどんな人が関わっているかを想起する。 ・学習課題を設定し，学習計画を立てる。	・学校に関わっている人にはどんな「思い」や「願い」があるのか予想させ，めあてを設定する。 ・「思い」や「願い」に迫るための学習課題を設定し，学習計画を立てる。
2	2	・インタビューの相手を決める。 ・インタビューを通して自分が知りたいことは何かを考え，インタビューの準備をする。	・インタビューの相手を決める際は，学校のよいところとの関連を考えさせる。 ・質問やその質問に対する自分の考えをまとめ，インタビューの準備をする。
	3	・インタビューをするときに，大切にしたいことは何か考える。 ・インタビューの練習をする。	・教科書のインタビュー例を手がかりに，相手の思いや考えを引き出すために気をつけたいことを考えさせる。
	4	・インタビューを行う。	・インタビューの際は，相手の「思い」や「願い」を引き出すことに意識を向けつつ，相手とのやり取り自体を楽しむように促す。
	5	・話を聞いて気づいたことや考えたことを共有する。	・インタビューで得た情報やそこで感じたことを共有することで，考えが深まったり，変化したりした点に気づかせる。
3	6	・学習を振り返る。	・「ふりかえろう」で単元の学びを振り返るとともに，「たいせつ」「いかそう」で身につけた力をおさえる。

聞いて，考えを深めよう

第 ① 時 (1/6)

学校のよいところや，そこに関わる人の存在を想起し，目的意識や課題意識をもつとともに，インタビューに向けて見通しをもつことができる。

板書例

❸ 〈学習の進め方〉

① 学習計画を立てる

② 「インタビュー」について考える
・だれにインタビューをするか
・どんな質問をするか

③ インタビューに向けて
・インタビューをするときに大切なことは
・練習する

④ 実際にインタビューをする

⑤ インタビューの内容を共有する

⑥ 単元全体をふり返る

❹ 〈今日のふり返り〉

A 今日の学習で学んだこと
B インタビューに向けて
C 相手の話を聞くことについて

※事前に作成したものを
掲示してもよい。

POINT 単元を貫くねらいと関連付けるために単元名をあえて板書する（毎時間書いておいてもよい）。また，本時のめあては

1 学校のよいところはどんなところか考えよう。

T 私たちの○○小学校には，よいところがたくさんあると思います。どんなところだと思いますか。

> 運動場が広くて遊びやすいところです。

> 誰とでも元気な挨拶ができることです。

T 誰とでもというのは，学校の中だけではなく，地域の人ともできるということですか。

C そうです。特に見守り隊の人からは，いつも元気に挨拶ができることをほめてもらっています。

6年生の児童には，最高学年として，学校に対する見本となるよう促していくようにする。

日常の経験を受け止め，引き出しながら，学校を支える存在と結び付けていくことで，自然に思考の流れをつくり，次の活動につなげていくことを留意しておく。

2 学校を支える人と，その人の「思い」や「願い」について考えよう。

T 私たちの学校のよいところは，それを守り支えてくれている存在と無関係ではないようです。どんな人が私たちの学校を支えてくれていますか。隣の人や近くの人と相談しましょう。

ペアでの話し合いをタイミングよく入れながら，自分事として考えたり，積極的に対話したりするように促す。

> 見守り隊の人たちには，とてもお世話になっているね。

> 用務員さんがいるから，こわれた物も，すぐに直してもらえるよ。

T そんな学校を支えてくれているみなさんは，どんな思いや考えで私たちに関わってくれているのでしょうか。ぜひご本人に聞いてみたいですよね。

問いかけたり，活動について投げかけたりすることで，目的意識と課題意識をもたせる。その後，本時のめあてを提示する。

<table>
<tr><td>準備物</td><td>・（できれば）「今日のふり返り」の掲示物</td><td>I C T</td><td>頭で想像するだけでは考えることが難しい児童もいる。学校の様子をタブレットで写真を撮っておき，全体に提示したり，児童のタブレットに共有したりする。</td></tr>
</table>

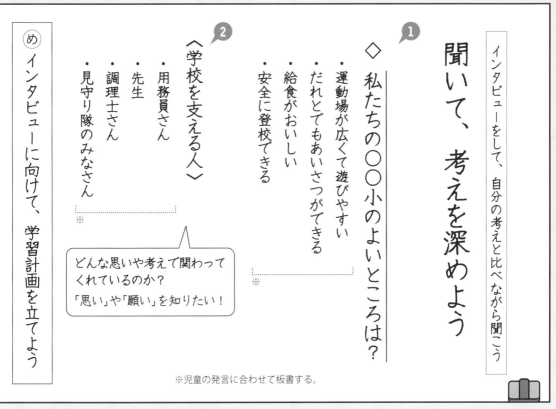

① インタビューをして、自分の考えと比べながら聞こう

聞いて、考えを深めよう

◇ 私たちの〇〇小のよいところは？

・運動場が広くて遊びやすい
・だれとでもあいさつができる
・給食がおいしい
・安全に登校できる
　　　　　　　　　※

② 〈学校を支える人〉
・用務員さん
・先生
・調理士さん
・見守り隊のみなさん
　　　　　　　　　※

どんな思いや考えて関わってくれているのか？
「思い」や「願い」を知りたい！

（め）インタビューに向けて、学習計画を立てよう

※児童の発言に合わせて板書する。

「思いや願いを知りたい」という思考の流れを後押しした後に提示する。

3 インタビューに向けて学習計画を立てよう。

T　学校を支えてくれている人たちに，いきなりインタビューをするのは難しいですね。どんな学習を進めておけばいいですか。

誰にインタビューをするか，決めておいた方がいいと思います。

どんな質問がいいか，あらかじめ考えておきたいです。

T　そもそも年齢や立場の違う人に対してインタビューをする場合，どんなことに気をつければいいのか分かりますか。

T　いきなりインタビューするといっても，全員がうまく聞けるわけではなさそうですね。

教師は単元の全体像を骨格としてもっておくが，学習計画は予め出来上がったものを提示はしない。児童の発言を受け止めたり，問い返して他の意見と関連付けたりしながら，児童と共に学習計画を練り上げることを大切にする。

4 今日の学習を振り返ろう。

T　学習の振り返りをノートに書きます。本単元では，何となく思ったことや考えたことを書くのではなく「A 今日の学習で学んだこと」「B インタビューに向けて」「C 相手の話を聞くことについて」の中から1〜3個選んで書くようにしましょう。

児童が自分の書きたい，または書きやすい振り返りの観点を1〜3個選んで書くよう促す。

T　（1分程度，書く時間をとった後）確認するので，手を挙げてください。Aを選んだ人，または選ぼうと考えている人？
　B，Cについても同様に確認する。

T　次に1つ選んで書こうとしている人？2つ選んで書こうとしている人？3つとも選ぼうと考えている人？
　自分の学び方を客観的に判断できるよう全体で確認して，その主体的な判断は全てほめて認めて尊重する。

　時間があれば，小集団で振り返りを共有させる。

本時の目標	誰に，どんなインタビューをすれば自分の課題が解決するか考え，インタビューをする相手を決めるとともに，その相手にする質問を考えることができる。

板書例

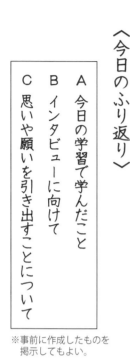

〈インタビューの準備をするときは〉③
○ 聞きたいこと　　＋　自分の考え
○ 質問したいこと　↓　メモに書く
○ 相手の答えを予想　＋　話の流れを想定

(例)
相手　園芸ボランティアの〇〇さん
質問　活動を始めたきっかけは何ですか。
予想　元々植物が好きだったから。

相手　PTA会長の〇〇さん
質問　はじめたきっかけは何ですか。
予想　みんなの役に立ちたいから。
※

〈今日のふり返り〉④
A 今日の学習で学んだこと
B インタビューに向けて
C 思いや願いを引き出すことについて
※事前に作成したものを掲示してもよい。

POINT 「今日のふり返り」では，毎回その内容にあった観点を示したい。事前に掲示物を作成しておくようにする。

1 インタビューとはどんな活動なのか考え，めあてを設定しよう。

T　前回に学習計画を立てた通り，本単元の大きな活動はインタビューをすることですが，そもそもインタビューとは，どのようなものでしょうか。

相手から詳しく話を聞くことだと思います。

テレビや新聞などでよく見るけど，取材することだと思います。

T　話が聞きたい人に直接会って，思いや願いを詳しく引き出したり，その人との対話を通して，自分の考えを深めたりするために行うもの，それがインタビューのよさだそうです。
T　みなさんは，誰に，どんなインタビューをしたいですか。

　インタビューに関するイメージをふくらませた後，誰に，どんなインタビューがしたいか投げかけ，めあてを設定する。

2 学校のよいところと関連付けながら，誰にインタビューをするか考えよう。

T　誰にインタビューをすれば，学校のよいところについて思いや考えを引き出すことができますか。
T　グループで意見を出し合ってみましょう。

園芸ボランティアの方に話を聞いてみたいなあ。

見守り隊の〇〇さんなんか，ぴったりだと思う。

　単なるインタビューではなく，学校のよいところに関連付けて「思い」や「願い」をもっている人を想起させたい。
T　出された意見を全体で交流しましょう。
C　園芸ボランティアの〇〇さんという意見が多かったです。いつも私たちが通るところが花でいっぱいになるように世話をしてくれているからです。

　グループで話し合った結果をもとに，インタビューする相手を（児童数や環境に応じて）学級として決める。

聞いて、考えを深めよう

❶ ◇ インタビューとは

・相手からくわしく話を聞くこと
・テレビや新聞の取材　←
　　　　　　　　　　　　　　　　※

◎ 話を聞きたい人に直接会って
　思いや願いをくわしく引き出す
　自分の考えを深める

め だれに、どんなインタビューをするか考えよう

❷ ◇ だれにインタビューをするか

・園芸ボランティアの○○さん
・調理士のみなさん
・見守り隊のみなさん
・ＰＴＡ会長の○○さん
・用務員の○○さん
　　　　　　　　　　　※

※児童の発言に合わせて板書する。

---

3 質問を考えたり，その答えを予想したりしながら，インタビューの準備をしよう。

T　教科書に「インタビューの準備をするときは」と書いてあるコーナーがあります。探して，見つけた人は立ちましょう。３回読んだ人は座りましょう。

　　読み終えた児童とやり取りしながら「インタビューの準備をするときは」の内容を，端的に，大切な用語は色チョークで強調しつつ板書でまとめていく。

T　相手を決めて，質問と予想される答えを考えます。例えば，園芸ボランティアの○○さんでは，どんな質問と答えが考えられますか。

園芸ボランティアを始めたきっかけは何ですか。

元々植物のことが大好きだったからです。

　　まずは，児童とやり取りしながら例を示すことで，活動のイメージを全員にもたせるようにする。その後，聞いてみたい相手を想定した質問と，予想される答えを各自で考えて書かせ，全体で交流する。

4 今日の学習を振り返ろう。

T　学習の振り返りをノートに書きます。「A 今日の学習で学んだこと」「B インタビューに向けて」「C 思いや願いを引き出すことについて」の中から１〜３個選んで書くようにしましょう。

　　児童が自分の書きたい，または書きやすい振り返りの観点を１〜３個選んで書くよう促す。

T　みなさんは，A，B，Cのどれを選んだ人が多いと予想しますか。（予想を確認してもよい）

T　Aを選んだ人，または選ぼうと考えている人？
　　挙手させる。B，Cについても同様に確認する。

T　次に１つ選んで書こうとしている人？２つ選んで書こうとしている人？３つとも選ぼうと考えている人？

　　児童の主体的な判断は全てほめて認めて尊重する。本時のねらいや今後の学級経営を意識した（特にグループでの共有の楽しさや基本ルールに対する）記述を紹介してもよい。

　　時間があれば，小集団で振り返りを共有させる。

板書例

〈インタビューをするときに大切なこと〉

① 相手の言葉をくり返す　＋　言いかえる

② 説明を加える　＋　言葉を選ぶ

③ 追加で質問する　＋　自分の考えを述べる

④ 事実なのか，思いや考えなのか，聞き分ける

⑤ 相手が何度も使う言葉を受け止める

③

◇ 試しのインタビューをしよう

○ グループで役割と順番を決める

聞き役	インタビューの様子を観察する
相手役	質問にアドリブで答える
取材役	準備した質問を聞いてもらう

○ インタビュー（3分）＋ ふり返り（1分）

④

〈今日のふり返り〉

A　今日の学習で学んだこと

B　インタビューに向けて

C　グループでの学習について

※事前に作成したものを掲示してもよい。

POINT　リアクションや「いいね」「確かに」など大切にしたい学び方も適宜板書すると定着しやすい。また，「今日のふり返り」は，

1　めあてと今日の学習の流れを確認し，活動の見通しをもとう。

T　今日のめあては「インタビューをするときに大切なことは何か考えよう」でしたね。

めあてを教師から提示したり，最初から板書したりする場合も，単元計画表（掲示してあるものや持たせてあるもの）を児童と共に確認してから示すようにする。

T　みなさんは実際にインタビューをしたことがありますか。（挙手で確認）インタビューをするときに大切なことを考えたいのですが，1人1人の経験はばらばらです。そこで，教科書の「桜井さんのインタビュー」を使って学習を進めましょう。このモデルをみんなで分析することで，きっと大切なことが見つかると思います。「いいね」「確かに」と大切なことを見つけたら，それをまとめていきましょう。そして，まとめたことを使って，実際にグループで練習してみましょう。

学習の流れの説明でも，児童の納得感を喚起するよう話芸的な話し方（視線・間・リズム等）を大切にしたい。

2　教科書の桜井さんのインタビューを見て，大切にすることを考えよう。

T　「桜井さんのインタビュー」はインターネットで見ることができます。教科書のQRコードから入ります。まず1人で「大切だなあ」と思うことをノートに書き出していきましょう。

インタビューの様子を視聴することをふまえて1人学びの時間を5分程度とる。正しい答えではなく気になる点を多く見つける「数にこだわる」学ぶ姿勢を大切にする。

T　それでは，グループで交流しましょう。

質問の前に，まず自分の感想を話しているね。

相手からの逆質問にも，ちゃんと対応している。

グループ学習は「いいね」「確かに」や受容するリアクションを大切にする。（教師が見取り，積極的に評価）

交流後，教科書P50下段の「インタビューをするときは」を読み，発言させながら大切なことを板書でまとめていく。

聞いて、考えを深めよう

め インタビューをするときに大切なことは何か考えよう

① 〈学習の流れ〉
○ インタビューモデルを分せきする
○ インタビューをするときに大切なことをまとめる
○ インタビューの練習をする
○ 学習をふり返る

> リアクション「いいね」「確かに」

② 〈桜井さんのインタビューを見て〉
・一つの質問から連続で質問
・質問の前に、自分の感想を話している
・突然の逆質問にもアドリブで対応
・相手のコメントを深ぼりする質問
・相手の思いを引き出すように質問を重ねている
・相手の思いを引き出すためには、どの質問から順にしていくかも重要

※児童の発言に合わせて板書する。

その内容にあった観点を示せるよう，毎回事前に掲示物を作成しておくようにする。

3 グループで友達を相手に試しのインタビューをしよう。

T　実際にインタビューをやってみましょう。グループの中で「取材役」「相手役」「聞き役」の役割と，順番を決めて，交代しながら練習しましょう。取材できる時間は３分間，振り返りの時間は１分間，合わせて４分間です。①〜⑤の内容を振り返るようにしましょう。めやすの時間は先生が合図をします。インタビューが早く終われば，振り返りを始めておきましょう。

> ○○さんが学校の園芸ボランティアを始めたきっかけは何ですか。

> 子どもたちに，花が好きになってほしいと思ったからです。

　練習の様子をタブレットなどのデジタル端末で録画するように促してもよい。
　教師はタイムキーパーを務める。全体を俯瞰しながらテンポよく活動を進めつつ，主体的に参加している児童の動きや言葉をとらえ，価値付けながらほめる。

4 今日の学習を振り返ろう。

T　学習の振り返りをノートに書きます。今日は「A 今日の学習で学んだこと」「B インタビューに向けて」「C グループでの学習について」の３つとも全部書くようにしましょう。特に「C」についてはグループでの「学び方」や，そのときの友達との関わり方について振り返ってみましょう。

> 今日はA・B・C全部のことを書こう！

　書く時間は「３分間で」など必ず時間で区切るようにする。そうすることで時間に対する意識が高まるとともに，短時間で書く力も身に付いていくと考えられる。
　児童の主体的な判断は全てほめて認めて尊重する。本時のねらいや今後の学級経営を意識した（特にグループでの共有の楽しさや基本ルールに対する）記述を紹介してもよい。

　時間があれば，小集団で振り返りを共有させる。

聞いて，考えを深めよう

第 **4** 時 （4/6）

本時の目標　誰に，どんなインタビューをすれば自分の課題が解決するか考え，インタビューの相手を決めるとともに，その相手にする質問を考えることができる。

板書例

❹ 〈今日のふり返り〉

A　今日の学習で学んだこと

B　実際のインタビューを終えて

C　相手の思いや願いを引き出すことについて

※1

❸ 〈インタビューのスタート位置〉

Aさん	Bさん	Cさん	Dさん	Eさん
学習室前	学習室後ろ	図書館①	図書館②	図書館③
1班	2班	3班	4班	5班
↑	←	→		↓
6班	7班	8班	9班	10班

※1

※待ち時間は教室にもどる

※2. 学級やグループの人数，ゲストの人数，使える場所等によって活動形態は変わる。ここでの，1班の活動順序は，
①Aさん→②待ち時間→③Bさん→④待ち時間→⑤Cさん→
⑥待ち時間→⑦Dさん→⑧待ち時間→⑨Eさん→⑩振り返り（終了）
となる。

POINT 本時はインタビュー時間の確保が最優先となるため，板書は印刷してあるものを掲示する。

1 めあてと学習の流れを確認して，今日の学習の見通しをもとう。

T　いよいよ今日は，ゲストのみなさんに取材します。1人3分間の取材時間をめいっぱい使って，学校を支えてくれている相手の思いや願いをインタビューで引き出すことに挑戦しましょう。

はーい！

試しのインタビューでうまくできなかったことに気をつけて，頑張りたいです。

活動の流れを簡単に確認する。
本時はゲストに対して行うインタビューが最優先となるため，教師の説明や指示は，本時だけの特別な要素や留意しておく点などにしぼり，簡単に伝えるようにする。板書についても，事前に印刷しておいたものを掲示する。

2 前時を振り返り，インタビューをするときに大切なことを確認しよう。

T　グループの友達がインタビューをしている間，一緒に行って聞いているみなさんは，「インタビューをするときに大切なこと」の①から⑤のどれが使えているか，また，よいインタビューにしようと工夫したり，頑張ったりしているところはどこか，「美点凝視」で観察しながら，そして心の中で応援しながら，みんなでよい時間をつくりましょう。

前時に学習した「インタビューのときに大切なこと」を確かめる。加えて，協働的な学習としてグループのメンバーが一緒に動くときの学び方やゲストを迎える学びの心構えこそ大切なこととして確かめ合う。

ワークシートを用意し，①から⑤の内容を児童に相互評価させてもよい。ただし，インタビューは，相手のあることや，そのときどきの流れもあることから「使えたらすごい」という姿勢で児童に示しておかなければ，失敗体験となる可能性も指導者として留意しておきたい。

| 準備物 | ・インタビューをするときに大切なことを評価項目として記述できる評価シート
・タブレットなど学習者用デジタル端末
・黒板用掲示物（板書例参照）（事前に準備しておく） |

| ICT | インタビュー時間の確保のため，板書は印刷しておく。板書する内容を事前に作成して，児童のタブレットに送信しておいても時間短縮になる。 |

聞いて、考えを深めよう

め　実際のインタビューで相手の願いや思いを引き出そう

❶ 〈学習の流れ〉
① インタビュータイム
・あらかじめ決めてある順で回る
・交代の合図で次の場所へ移動する
・一人の取材時間は3分
② 待ち時間にすること
・インタビュー内容の確認やふり返り
③ 今日の学習をふり返る

※1

❷ 〈インタビューをするときに大切なこと〉
① 相手の言葉をくり返す　＋　言いかえる
② 説明を加える　＋　言葉を選ぶ
③ 追加で質問する　＋　自分の考えを述べる
④ 事実なのか、思いや考えなのか、聞き分ける
⑤ 相手が何度も使う言葉を受け止める

※1

※1. 事前に作成したものを掲示する。

3 インタビューを通して，ゲストの方の思いや願いを引き出そう。

T　では，スタート位置に移動して，インタビューを始めましょう。

　教師は全員の活動時間の確保と活動場所への移動がうまく進むように，コーディネーターに徹する。

　本番での取材の様子を，インタビューをしない児童の1人に，デジタル端末を使って交代で録画させておく。自己評価や相互評価等の形成的評価に活用できる。

　ゲストを招いての活動は，社会とつながる貴重な学習の場となる。活動当日のゲストへの関わりが，相手への敬意をもったものとなるように意識させるのはもちろんのこと，活動の前後，取材までの日程や取材後日の関わりなど，身近な存在だからこそ児童と大切に考えておきたい。また，学習を計画・実施する指導者としても，単なる教材ではなく「人」としての出会いをコーディネートする意識を忘れないようにしたい。

4 今日の学習を振り返ろう。

T　学習の振り返りをノートに書きます。今日はもちろん「B 実際のインタビューを終えて」は必ず入れるようにしましょう。それでは，始めましょう。

実際のインタビューを終えて，私が思ったことは…。

　振り返りは，ここでは，児童がそれぞれ3つの選択肢の観点の中から1〜3個選ぶ「自己選択」を重視している。1学期の現段階では，振り返りに対するアプローチを教師がさまざまにスモールステップで示すようにする。
　6年生のこの時期であれば「今日の感想は〇つあります。1つ目は…。2つ目は…。3つ目は…今日の学習は…でした。」のような，3段構成・5段落の文章が書けるようにしておきたい。（ここでは，上記の振り返りの観点をいくつ選ぶかが「〇つ」に反映される）
　どの観点を選ぶのかとともに，どの順番に書こうとするかを自己選択すること，またそれを日々の振り返り等を通して「書き慣れる」まで継続したい。そうして，文章記述に対する苦手意識を払拭して気軽に取り組めるようになり，言いたいことを分かりやすい文章で書ける力へとつなげたい。

本時の目標　インタビューの感想をグループや全体で共有することを通して，自分の考えが深まったり，変化したりしたことを考えることができる。

板書例

③

◇　相手の思いや考えを引き出すこと

・うまく聞けなかったのに，気持ちをくんで知りたいことを問い返しながら話してくれた。

・思いや考えを引き出すためには，連続質問が有効。

・思いや考えは，直接たずねるだけでなく，相手の言葉から感じることが大切。

※‥‥‥‥‥‥‥‥‥‥‥‥‥‥‥‥‥‥

④

◇　自分の考えが深まったこと，変化したこと

・だれかが支えてくれているから，私たちは当たり前に過ごすことができている。

・自分も周りの人を支えられる人になりたい。

・年齢や立場のちがう人と対話することで，自分の考え方が広がる感じがしてよかった。

※児童の発言に合わせて板書する。

〈今日の ふり返り〉

A　相手の思いや願いを引き出すこと

B　自分の考えが深まったこと，変化したこと

C　今日の学び方や関わり方について

※事前に作成したものを掲示する。

POINT　学習の指針となる言葉（「いいね」「リアクション」等）は板書だけでなく別に掲示するのも効果的。

---

1 めあてと今日の学習の流れを確認しよう。

インタビュー時の映像は事前に個々で確認させておく。

T　前回は実際にゲストのみなさんをお招きして，インタビューをしました。やってみてどうでしたか。

> 映像を見たけど，すごく緊張していて，自分が思っていたよりも早口になっていました。

> たずねたことに優しく答えてくれて，とてもうれしかったです。

T　今日のめあては「インタビューを通して感じたことや考えたことを伝え合おう」です。おそらくたくさんのことを感じたり，考えたりしたことと思います。その中でも「相手の思いや考えを引き出すこと」と「自分の考えが深まったことや変化したこと」という「インタビューする価値」を中心に話し合うようにしましょう。

2 インタビューを通して，感じたことや考えたことをグループで伝え合おう。

T　まず一緒に活動したグループで，感じたことや考えたことを出し合います。その後に，他のグループの人はどんなことを感じたり，考えたりしたのか，全体で共有します。グループで交流するときに，大切にしたい学び方や関わり方はありますか。

C　「いいね」「なるほど」のリアクションです。受容していることが話し手に伝わるようにしたいです。

C　笑顔やうなずきで温かい雰囲気を作りたいです。

T　学び合う仲間としてのマナーを大切にしたいですね。それでは始めましょう。

> やっぱり連続質問で思いにせまることが大事。

> 私も○○さんみたいに，周りを支えられる人になりたいな。

聞いて、考えを深めよう

め ① インタビューを通して、感じたことや
考えたことを伝え合おう

インタビューをする価値

　○自分の考えが深まったことや変化したこと　←

　○相手の思いや考えを引き出すこと　←

②

〈学習の流れ〉

① グループでふり返る

　・いいね　　　・なるほど
　・確かに　　　・そうそう
　・リアクション　・前のめり

② 全体で共有する

---

3 インタビューを通して自分の考えが深まったり、変化したりしたことを共有しよう。

T　どんな話題が上がったか，全体で共有します。グループで話題になったことや，自分が感じたことを発表しましょう。

> 私自身はうまく聞けなかったのに，○○さんは気持ちをくんで私が知りたいことを問い返しながら話してくれたので，すごく助かりました。

> ○○さんがボランティアを始めたきっかけは，自分が予想していたよりも深い理由がありました。話を聞いてよかったです。

　児童の発言を受け止めながら「相手の思いや考えを引き出すこと」と「自分の考えが深まったこと，変化したこと」を板書していく。

　個人として発言させながら教師が板書に整理していく場合と，グループの代表に話題の中心を発言させながら板書に整理していく場合とが考えられる。

　児童のこれまでの学習経験や現在の学級の状況に応じて，現時点では何を重要視するのか留意しながら発言を促していきたい。

---

4 今日の学習を振り返ろう。

T　学習の振り返りをノートに書きます。今日は「A 相手の思いや願いを引き出すこと」「B 自分の考えが深まったこと，変化したこと」は必ず書くようにしましょう。「C 今日の学び方や関わり方について」についても，感じるところや考えたところがたくさんあったのではないですか。ぜひ書けるといいですね。

> 今日の感想は2つあります。1つ目は，相手の思いや願いを引き出すことについてです。2つ目は…。

　児童が自分の書きたい，または書きやすい振り返りの観点を1〜3個選ぶ「自己選択」を重視する。ただし，現段階では振り返りの観点を本時の活動や内容と関連付けながら教師がスモールステップで示すようにする。

　時間があれば，小集団で振り返りを共有させる。

本時の目標　単元の学習を振り返り，インタビューなどを通して，自分の考えと比べながら相手の話を聞くときに大切なことは何か，自分の考えをまとめることができる。

板書例

④〈単元全体のふり返り〉

A　思いや考えと，事実とを聞き分けるときに，どのような言葉に着目したか

B　自分の考えを深めるために，他の人の話をどのように聞くとよいか

C　自分とは立場や年齢のちがう人から話を聞くことのよさは何か

※事前に作成したものを掲示する。

③◇話を聞いて，考えを深めるために

○　自分の知りたいこと…………質問する。

○　相手がなぜ…………話を聞く。

○　自分の考えと比べ…………考えを深める。

たいせつ

※教科書 P51「たいせつ」の3つのポイントを掲示する。

POINT　本時は単元名に戻って学び合うことから単元名をあえて板書するとよい（毎時間書いておいてもよい）。また，「今日のふり

1　めあてと今日の学習の流れを確認し，課題について1人で考えてみよう。

T　今日で単元の学習が終わります。今日は学習を振り返ってまとめをしていきましょう。

　　単元の学習を想起させてからめあてを提示する。

T　単元名にある通り，私たちは「自分の考えと比べながら聞く」ことを学習してきました。これはインタビューをするときだけに限った話ではありません。相手の話を自分の考えと比べながら聞くときに，大切にしたいことは何ですか。

　　「学習の流れ」を板書する。

T　まずは自分1人で考えます。単元を振り返って，教科書を読み直したりしながら，相手の話を自分の考えと比べながら聞くときに大切だと思うポイントをノートに書いていきましょう。1人学びの時間は3分間です。思いつく限りたくさん書くようにしましょう。

　　まず，大切なことは，インタビューの前に知りたいことをよく考えて自分の考えをもっておくこと。それから…。

2　大切なことは何か，グループや全体で意見を交流しよう。

T　1人で考えたことをグループで話し合います。話し合いで，大切にしたい学び方や関わり方は？

C　今日も笑顔で，楽しみながら話し合いたいです。

C　やっぱりリアクションがいいと，みんなの心が1つになるような感じがします。

T　6年○組のみなさんの様子を見ていると，これがいいんですよね。（「空気」と板書する）笑顔やリアクションが自然に出るから「空気」がよくなっていくんですね。そして「空気」がどんどんよくなっていくから「学び合い」や「支え合い」がよくなり，そんな仲間だから「成長し合う」学級になっていくのですね。今日のこの後の話し合いも期待してもいいですよね。それでは始めましょう。

　　ぼくが大切だと思ったことは連続質問で深ぼりすることだね。

グループで話し合わせた後，全体で交流する。

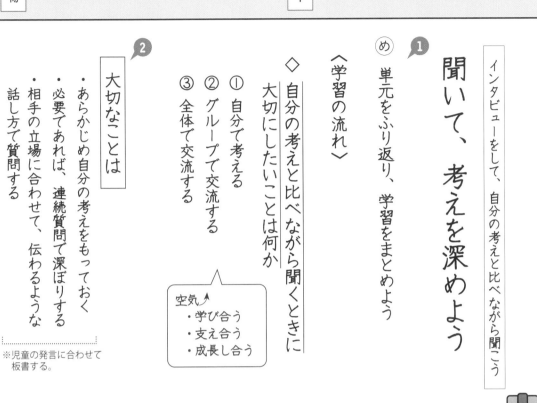

◇ 自分の考えと比べながら聞くときに大切にしたいことは何か

空気↗
・学び合う
・支え合う
・成長し合う

〈学習の流れ〉
① 自分で考える
② グループで交流する
③ 全体で交流する

2 大切なことは
・あらかじめ自分の考えをもっておく
・必要であれば，連続質問で深ぼりする
・相手の立場に合わせて，伝わるような話し方で質問する

※児童の発言に合わせて板書する。

め 単元をふり返り，学習をまとめよう

1 聞いて、考えを深めよう

インタビューをして、自分の考えと比べながら聞こう

返り」の観点は，毎回観点を示すように掲示物を事前に作成しておくようにする。

---

3 話を聞いて，考えを深めるために大切なことをまとめよう。

T 教科書にも「話を聞いて，考えを深めるために」大切なポイントがまとめられています。探して見つけた人は3回読んでから座りましょう。

　児童が活動している間に，教科書P51「たいせつ」を書いたものを黒板に掲示する。

T この3つの大切なポイントを読んで，感じたことを隣りの人，近くの人と話し合いましょう。

言葉を選ぶって，難しいけど，相手の思いを引き出すためには大切だね。

いつも共感するだけでなく，違いを感じることも大事だと思う。

T 隣りの人，近くの人と，話し合った人？

　発表はしたい人がするものではなく，考えた人（全員）が積極的に行うものだという学習規律を醸成していくために「話し合った人？」という投げかけで発言を促すのも効果的である。意識的に投げかけていきたい。

---

4 単元全体の学習を振り返ろう。

T 単元全体の振り返りをノートに書きます。（事前に作成したものを掲示する）今日はいつもより時間を取るので3つとも書くように頑張りましょう。それでは始めましょう。

　いつもより長く（5〜10分程度）時間を設定し，じっくりと単元を振り返りながら感想を書かせる。

T 単元全体の振り返りを共有します。グループで感想を話し合いましょう。

いろんな人の話を聞いた方が新しい発見があるよね。

なるほど。

いいねえ。

相手や内容に応じて，話し方は変えた方がいいよね。

　全体でも学習内容や感想を振り返る。
　最後に，これからも相手の思いや願いを想像したり，引き出したりすることを大切にしながら，学び合い，支え合い，成長し合ってほしいという願いを伝える。

漢字の広場 ①

◎ 指導目標 ◎

・第 5 学年までに配当されている漢字を書き，文や文章の中で使うことができる。

・書き表し方などに着目して，文や文章を整えることができる。

◎ 指導にあたって ◎

① 教材について

　　町のあちこちでいろいろな出来事が起こっている様子をイラストと言葉で表しています。5 年生までに習った漢字を正しく使いながら，出来事を記事にして，町の人に伝えます。どんなことが起こっているのか，イラストを見て探すだけでも楽しい教材です。

　　絵や言葉をもとにして記事のような文を作るという活動では，新聞作りで学習したことを思い出させ，5W1H（いつ，どこで，だれが，何を，どうして，どのように）の要素を入れた文を作らせます。

　　ここで取り上げられている漢字を使った言葉は，他教科や社会生活に関わっているものの，児童の日常生活ではあまりなじみのない言葉も多数あります。この機会に，言葉の意味と，その言葉で使われている漢字の意味とをつなげて習得できるとよいでしょう。

② 個別最適な学び・協働的な学びのために

　　この教材の狙いは前学年までの配当漢字の復習です。それを教師が常に頭の中に留めておきましょう。その上で，「町の人に町の様子を伝える」という条件をはっきりと児童に意識させ，書かせましょう。「書く活動」を，全体で発表，グループで，ペアで発表し合うなど，「話す活動」も含めた学び合いの形となるよう工夫して漢字の復習をさせたいところです。

◎ 評価規準 ◎

知識 及び 技能	第5学年までに配当されている漢字を書き，文や文章の中で使っている。
思考力，判断力，表現力等	「書くこと」において，書き表し方などに着目して，文や文章を整えている。
主体的に学習に取り組む態度	積極的に第5学年までに配当されている漢字を使い，これまでの学習をいかして記事を書こうとしている。

◎ 学習指導計画　　全1時間 ◎

次	時	学習活動	指導上の留意点
1	1	・教科書の絵を見て，町のあちこちで起こっている出来事を想像する。 ・教科書に提示された言葉を正しく使いながら，出来事を記事にして，町の人に伝える文を書く。 ・書いた文章を見せ合い，交流するとともに，示された漢字に触れる。	・配当時間が1時間しかないため，あまりじっくりと取り組むことができない。例を挙げて書き方を説明したり，グループごとに絵の範囲を区切って取り組ませるのもよい。

本時の目標　第5学年までに学習した漢字を使って，出来事を伝える記事のような文章を書くことができる。

板書例

条件
① 書かれている漢字をできるだけ多く使う
② 出来事を記事にする
　（いつ、どこで、だれが、何を、どうして、どのように）を書く

❸
❹

・今年も 桜 なみ木の下で 句会 が開かれました。（谷口）

・復旧 工事をしている道路は 立ち入り禁止 です。（田中）

・防災 訓練では、燃える 火を消す練習をしていました。（竹内）

・結婚式では、新婦 を 囲ん でみんながお祝いしています。（久保）

※早く考えられた児童に文章を書きに来させる。
※教科書提示の漢字は，後で教師が読み上げるとき，カードを貼るか赤で囲むとよい。

POINT 絵を見ると様々な場面に分かれている。その中で自分が書きたいと思う出来事を囲んでから文を書かせるようにするとよい。

---

1 言葉を読み，イラストの中の様子について発表しよう。

T　6年生になって1回目の『漢字の広場』です。まず，出ている漢字を上から順に読んでいきましょう。

　まず，掲示されている漢字をみんなで声に出して読み，読み方を確かめ合う。1時間の中で，条件付きの作文を書き，互いに発表・交流する時間も取った上での漢字の復習となる。効率よく進める。

T　絵をよく見ましょう。この絵の中の人達はどんなことをしていますか。

お花見をしている人がいます。

畑を耕している人がいます。

結婚式をしています。楽しそう。

荷物を運んでいる人がいます。

言葉と絵から読み取れることをどんどん発表させる。

2 本時の活動の目的と流れを確かめよう。

T　では，次に文章を書いていきます。できるだけ出ている漢字を使うことが条件の1つです。もう1つ条件があります。分かりますか。

「出来事を記事に」して，と書いてあります。

ここで本時のめあてと条件を板書する。

T　教科書の説明を読んでみましょう。（音読）町の人に出来事を伝える記事にすると書いてありますね。例文がありますのでみんなで読んでみましょう。

C　「お寺では，文化財である仏像を，どのように保護していくかについて話しています。」（斉読）
　例文を読んで，「記事にする」書き方を確認する。

T　記事の書き方を覚えていますか。新聞を作ったときに勉強しましたね。

　5W1H（いつ，どこで，だれが，何を，どうして，どのように）に留意して文を書くことを思い出させる。教師が何か1つ文章を作って読んであげるのもよい。

| 準備物 | ・漢字カード QR
・教科書P52の挿絵 (黒板掲示用) または,
　黒板掲示用イラスト QR
・国語辞典 |

| ICT | 文章を作成しても, みんなで読み合う時間がない場合も多い。タブレットで作成し, 作成した文章を共有しておくと, 時間があるとき読み合うことができる。 |

漢字の広場 ①

め　五年生までの漢字を使って町の出来事を想像し, 記事にして町の人に伝えよう

❶　五年生までの漢字を使って町の出来事を想像し, 記事にして町の人に伝えよう

❷　出来事を記事にして, 町の人に伝えよう

◇　出来事を記事にして, 町の人に伝えよう

（例）お寺では, 文化財である仏像を, どのように保護していくかについて話しています。

※〈漢字カードの使い方〉まず, 教科書の挿絵（または, QRコンテンツのイラスト）の上に漢字カードを貼っておく。
児童が文作りに使用したカードを移動させると, 使用していない残りの漢字がすぐに分かる。

---

3 出来事を記事にした文章を作ってみよう。

T　どんな文を書けばよいか分かりましたね。では, 書きましょう。1つ書けたら手を挙げましょう。

早くできた児童の文章を確認し, よければ前に何人か書きに行かせる。そうして, 支援の必要な児童が書き方を理解する助けとする。

水質調査をしている人がいるからそれを書こうかな。

防災訓練について書こうかな。

何人か前に見本で書かせた後は, 各自どんどん書いていくように伝える。できるだけ多く書かせるようにしたい。

T　書けたら, 出てきた漢字ができるだけ使われているか, また, 町の人に伝える記事になっているか, 見直しましょう。

4 書いた文章を交流しよう。

T　では, 友達とお互いに1つずつ読んでいきましょう。聞いたら感想も伝えましょう。

「何度も往復して荷物を運のはとても大変です。」というのはいいね。

「お寺では歴史ある仏像が文化財となっています。」というのも上手だね。

クラスの実態により, 隣の友達と, 班の形で, 自由に歩いて, というように互いに確認する形を変えて交流する。
交流する中で, 教科書提示の漢字を相手が赤で囲ってあげる, という形をとるのもよい。さらに, もし, 間違えていた場合は友達が直してあげる, としてもよい。

T　たくさんの人と交流できましたか。最後に何人かに発表してもらいましょう。

C　今年も桜並木の下で句会が開かれました。

C　結婚式では, 新婦を囲んでみんながお祝いしています。

主張と事例の関係をとらえ，自分の考えを伝え合おう

［練習］笑うから楽しい／時計の時間と心の時間
［情報］主張と事例

全授業時間 7 時間

◎ 指導目標 ◎

・原因と結果など情報と情報との関係について理解することができる。

・事実と感想，意見などとの関係を叙述を基に押さえ，文章全体の構成を捉えて要旨を把握することができる。

・文章の構成や展開，文章の種類とその特徴について理解することができる。

・文章を読んで理解したことに基づいて，自分の考えをまとめることができる。

◎ 指導にあたって ◎

① 教材について

　「笑うから楽しい」という題名を見て，多くの児童は「あれ，楽しいから笑うのでは？」と思うでしょう。説明的文章を読むとき，わたしたちは「そうなのか」「あれ？」などと，これまでの知識や経験と引き合わせて読み，自分の考えを広げています。本単元でも，その説明文で述べようとしている筆者の主張を，事例との関係に着目しながら正しく読み取るとともに，それを自分はどう受け取ったのか，自分の考えを深め，話し合います。「笑うから楽しい」でまずどう読むかを学習し，それをいかして「時計の時間と心の時間」を読み，考えたことの発表と交流に進めるようにします。

　説明文を読むうえで大事なことは，筆者の考え（主張・要旨）をまとめられることと，これまでの知識や経験に基づき，読後の自分の考えなり感想が書けるということです。さらに，説明の仕方や構成についても目を向けさせます。高学年では論理的な考え方が大事になってきます。「時計の時間と心の時間」でも，考えと事例の往復など相手を納得させる論理の運び方が学べます。ただ文章表現や語句には難しいところがあり，教師からの補いや言い換え，具体化も必要でしょう。

② 個別最適な学び・協働的な学びのために

　この単元では，最終的に筆者の考えを踏まえて自分の意見をもつことが求められます。まさに，主体的に読むことが必要になるわけです。単元の最初から自分の考えを発表し，交流する場があることをはっきりと説明しておきます。毎時間の学習も，このことを意識して取り組ませることで，徐々に意見が深まり，まとまっていくことが期待できます。

　また，交流の時間も話す側と聞く側で終わりではなく，それによって自分の考えが明確になったり，変わったりする場として意図的に活用するように助言していきます。

84

◎ 評価規準 ◎

知識 及び 技能	・文章の構成や展開，文章の種類とその特徴について理解している。 ・原因と結果など情報と情報との関係について理解している。
思考力，判断力， 表現力等	・「読むこと」において，事実と感想，意見などとの関係を叙述を基に押さえ，文章全体の構成を捉えて要旨を把握している。 ・「読むこと」において，文章を読んで理解したことに基づいて，自分の考えをまとめている。
主体的に学習に 取り組む態度	進んで事実と感想，意見などとの関係を叙述を基に押さえ，学習課題に沿って自分の考えを伝え合おうとしている。

◎ 学習指導計画　全 7 時間 ◎

次	時	学習活動	指導上の留意点
1	1	・学習の見通しをもつ。 ・学習課題「主張と事例の関係をとらえ，自分の考えを伝え合おう」を確かめ，学習計画を確認する。	・『笑うから楽しい』という意外性のある題名に着目させ，めあてにつなぐ。 ・通読し，初めの感想を書かせる。
	2	・『笑うから楽しい』を読み，事実の部分と筆者の意見を区別し，構成を考える。 ・筆者の考えに対する自分の考えを発表する。	・筆者の考えが書かれている文と事例が書かれた段落の関係に着目させる。
2	3	・『時計の時間と心の時間』を読み，「心の時間」を中心に初めの感想を書く。 ・筆者の主張や文章全体の構成についてまとめる。	・できるだけ，自分の体験も振り返らせてそれと関連させて書かせる。 ・③④⑤⑥には「心の時間」の特性が，事例を通して書かれていることを確かめさせる。 ・難しい文や語句は，言い換えや具体的な場面の提示をして考えさせる。
	4	・筆者の考えと事例が書かれている段落を見分け，「心の時間」の特性をまとめる。	
	5	・各段落の要点をまとめ，終わりの段落から，筆者の主張を読み取る。	
3	6	・文章全体の構成について確かめ，筆者の説明の工夫について話し合う。 ・自分の経験や筆者の意見も取り入れながら，筆者の主張に対する自分の考えを書きまとめる。	・「初め，中，終わり」の構成と，考えとその事例で説明されていたことを振り返らせる。 ・これまでの自分の知識や体験も振り返らせ，筆者の考え（主張）と比べさせる。
	7	・自分の意見を書きまとめたものを発表する。友達の考えも聞き，感想を交流する。 ・学習を振り返る。 ・『主張と事例』を読み，その関係を理解する。	・友達の感想には，自分と同じところと違うところがあることに気づかせる。 ・「ふりかえろう」「たいせつ」を活用する。 ・例を参考に，自分の考えを話させる。

本時の目標　教材文の内容に関心をもち，学習のめあてと見通しを知る。

板書例

〈学習の進め方〉

1 「笑うから楽しい」を 読む
・筆者の考えと事例の関係に着目して
・自分の考えをまとめる

2 「時計の時間と心の時間」を 読む
・筆者の主張（事例との関係）
・自分の考え

3 読んで考えたことを伝え合う
　↓
友達の発表を聞いた感想

❸ 笑うから楽しい　　中村 真

❹ ◇ 印をつけながら読んでいこう

「なるほど」「なっとく」 … 〇
「へえ」「初めて知った」 … ！
「あれ？」「どうして」 … ？
「よく分からない」 … △

POINT 「学習計画」は，まだ通読していない段階なので，大まかな見通しを話し合うとよい。「あれ」と思わせる題名に着目させる。

1 説明文の学習での課題を知ろう。

T これから，『笑うから楽しい』と『時計の時間と心の時間』という２つの説明文を読む勉強をしていきます。

C 『笑うから楽しい』なんて変わった題だな…。

C 心の時間って何だろう。

T 今，題名を聞いて，「あれ？」と，思った人はいませんか。その人は，自分のこれまでの考えと比べて「あれ」と思ったのですね。

C 楽しいから笑う，のじゃないかなあ。

T 筆者は『笑うから楽しい』と書いています。このような筆者の考えを読み，自分の考えと比べてみるという勉強をこれからしていきます。

「時計の時間と心の時間」の学習にいかしましょう，って書いてある。

どうやっていかすのかな。

2 学習の見通しについて確かめよう。

T 筆者は，なぜ『笑うから楽しい』と考えたのでしょう。まず，筆者の考えと事例の関係に着目しながら読んでいきます。

T 次に，その筆者の考えに対して自分はどう考えるのか，思うのかを考えてまとめます。

C その次は『時計の時間と心の時間』を読むのかな。

T 『笑うから楽しい』で読み取り方を練習して，次は少し長い『時計の時間と心の時間』を読むのです。

T 練習と同じように，筆者が挙げた事例を確かめながら筆者の言いたいこと（主張）を読み取り，自分はどう思うのかをまとめるのです。

T 最後に，読んで考えたことを伝え合いましょう。

　２つの学習内容と学習の手順を伝え，教科書 P62 「問いをもとう」「目標」を確かめ合う。

笑うから楽しい／時計の時間と心の時間

（め）学習課題を確かめ, 学習の見通しをもとう

❶
「笑うから楽しい」＝ 筆者の考え

（あれ？）

⇔ 比べる

「楽しいから笑う」＝ 自分の考え

❷
〈学習課題〉

主張と事例の関係をとらえ, 自分の考えを伝え合おう

・主張と事例の関係を確かめる
・主張と事例の関係
　←
・文章全体の構成

3　『笑うから楽しい』を読もう。

T　まず, 先生が読みます。筆者の考えやその事例がどの段落に書かれているかを考えながら聞きましょう。(範読)

T　では, みんなで音読しましょう。

　範読後, 児童にも交代で音読させる。まず, 正しく読めるようにした後, クラスのやり方に応じて, 漢字や語句調べをしていく。高学年では「密接」「要素」など, 辞書的意味を調べるだけでは難しく解説が必要な語句も多くなってくる。また, 「脳」の働きなどについても児童は知らないので, 教師の説明が必要となる。

　この文章は, 題名そのものが「問いかけ文」の役割をしている。「どうして, 笑うから楽しいの？」「答えは？」という, 構えで本文を読ませる。

4　初めの感想を書いて, 発表しよう。

T　「なるほど」や「どうして？」などの印をつけながら読んでいきましょう。

　クラスで決めた印（〇）（！）（？）（△）を教科書につけていかせる。(板書参照)
　他に, 賛成（◎）や反対（□）など, 印は自由に決めておくとよい。印を入れながら読むことにより, 文章と「対話」することになる。

T　「へえ」と思ったことや「なるほど」と思ったことを中心にして, 感想を書きましょう。

血液温度と心の動きが関係しているなんて初めて知りました。

にっこり笑顔を作ると, 楽しくなくても楽しくなるのかな, と思いました。

T　感想が書けたら発表しましょう。
　初発の感想を交流する。

笑うから楽しい

第 2 時（2/7）

板書例

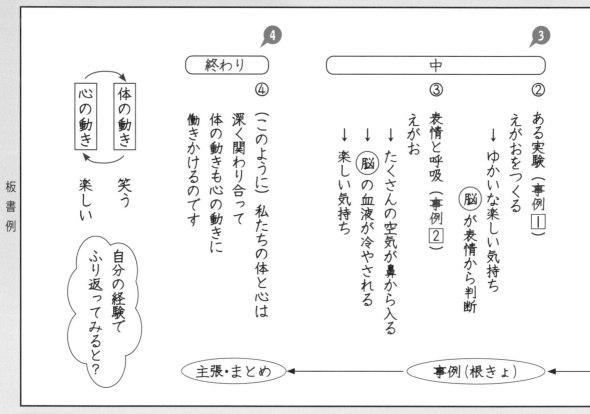

④ 終わり

心の動き ← 体の動き

体の動きも心の動きに働きかけるのです

（このように）私たちの体と心は深く関わり合って

笑う　楽しい

自分の経験でふり返ってみると？

中

②

ある実験（事例 ①）

↓

えがおをつくる

↓

ゆかいな楽しい気持ち

脳 が表情から判断

③

表情と呼吸（事例 ②）

えがお

↓

楽しい気持ち

↓

脳 の血液が冷やされる

↓

たくさんの空気が鼻から入る

主張・まとめ ← 事例（根きょ） ←

POINT　「脳」の働きが鍵となる。児童には文章だけでは分からないところもあり、教師が説明で補う。展開4の話し合いに時間を

---

1 題名から、説明文の問いと答えについて考えよう。

T　『笑うから楽しい』という題名を読んで、どんなことを思いましたか。

C　笑うから楽しいとはどういうことなのか、知りたいと思いました。

T　筆者は、題名で『笑うから楽しい』とはどういうことなのか、なぜそう言えるのかという問いかけをして、説明しようとしているのですね。

T　その答えは、どこにどう書かれているのか、全文を読んでみましょう。（交代で音読）答えは見つかりましたか。

①段落に書かれています。

④段落にも書いてあります。

説明的文章は、「問い」と「その答え」で説明されることが多い。ここでは、題名が「問い」の役割をして、①段落が「答え」になっている。

2 「初め」の①段落を読み、筆者の主張を読み取ろう。

T　①の中で、筆者がいちばん言いたいことが書かれている文を見つけましょう。

「体を動かすことで、心を動かすこともできるのです。」だと思います。

はじめの2文は、「なるほど、納得」の文だけれど、いちばん言いたいことではないかな。

「しかし、それと…」から筆者の考えになっていることを読み取らせたい。

T　それは、どんな意味だと思いますか。思い当たることはありませんか。

C　ぼくも、サッカーをしていると気分がいいです。

「体を動かすことで、心を動かすこともできる」は難しい文なので、経験を出し合い具体化する。

文の組み立てでいうと、筆者の考えが書いてある①段落は「初め」となることも確認する。

88

| 準備物 | | ICT 文章だけで理解が難しい場合は，ネットで画像や動画を検索して，説明の補助として活用するとよい。 |

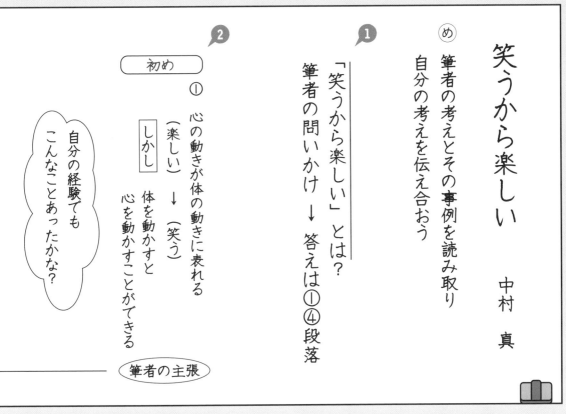

笑うから楽しい　中村　真

め　筆者の考えとその事例を読み取り
自分の考えを伝え合おう

❶
「笑うから楽しい」とは？
筆者の問いかけ → 答えは①④段落

❷　初め
① 心の動きが体の動きに表れる
（楽しい） → （笑う）
しかし
体を動かすと
心を動かすことができる

筆者の主張

自分の経験でも
こんなことあったかな？

かける。

3 「中」である②③段落を読み，挙げられている事例を確かめよう。

T　②段落には何が書かれているでしょう。

 「笑うから楽しい」の理由です。

 実験した例が書かれています。

脳が体に合わせて心の動きを呼び起こすことがあるんだ！

 笑うと楽しい気持ちになることを，笑顔を作る実験をして確かめたことです。

T　②段落では，体を動かすと心も動く，と筆者が考えるわけ（根拠）の例が書かれていますね。これを「事例」といいます。
T　③段落はどうでしょう。
C　笑顔が楽しい気持ちを生じる事例です。脳内の血液温度との関わりは，深呼吸したときと同じかな。
C　事例があると，筆者の主張が分かりやすいね。
　脳については，教師が具体例も出し説明で補う。

4 「終わり」の④段落を読んで，自分の考えをまとめ，話し合おう。

T　④段落で書かれている筆者の考えをまとめましょう。
C　①段落と同じで「体の動きが心の動きに働きかける」と書いてあります。
C　もう一度自分の考えを述べています。
T　④段落は，前の段落の事例を受けて，「このように」というまとめの段落です。筆者がいちばん言いたいことが書かれた「終わり」の段落です。
　この説明文で，要点でありまとめにあたる１文（「楽しいという…働きかけるのです。」）を確認しておく。
T　この筆者の主張に対してどう思いましたか。自分の経験と結び付けて考えてみましょう。
　自分の経験などを振り返りながら考えさせたことをノートに書かせ，ペアやグループで交流する。

ぼくも兄弟げんかしたとき，お母さんに無理やり笑顔を作らされて嫌な気分がとんでいったことがあった。

本時の目標　『時計の時間と心の時間』の全文を、「心の時間」とは何かを考えながら読み、文章全体の構成をとらえ、初めの感想を書くことができる。

板書例

4

〈文章全体の構成〉

初め　①段落　　…　筆者の主張

中　　②〜⑦段落　…　根きょ（事例など）

終わり　⑧段落　　…　筆者の主張・まとめ

☆ 自分の体験や実感も入れて

◇「心の時間」について思ったことを書こう

3

◎ 筆者が考える
「時計の時間」「心の時間」とは？

☆ 言葉に着目して

「時計の時間」
時計が表す時間

「心の時間」
私たちが体感している時間

POINT　「心の時間」については、自分の体験に引き寄せ、およそこんな時間のことだろうと分かればよい。

1 「時計の時間」「心の時間」とは何だろう。

T　今日から、前の時間の『笑うから楽しい』の学習をいかして、次の説明文を読み取っていきましょう。

T　『時計の時間と心の時間』という題名です。「時計の時間」とはどういう時間なのでしょう。

今、9時です。これが時計の時間（時刻）だと思います。

T　1校時は45分。この45分（間）も、時計を見ると分かります。

　　時刻と時間を区別しておく。

T　時計を見ると分かる時間、計れる時間が、「時計の時間」のようですね。では、「心の時間」とは何でしょう。分かりますか。

C　心にも時計があるのかな？うーん、何だろう…。

2 「心の時間」を考えながら全文を読もう。

T　全文を読みます。「心の時間」を考えながら読みましょう。まず、先生が読みます。聞きましょう。

分からない意味の言葉には印をつけておこう。

　教師がまず範読し、児童にも交代で音読させる。その後、教科書に①〜⑧の段落番号をつけさせ、語句の意味調べをする。（クラスのやり方で進める）

　　○日常語でない語句を確認する。
　　○辞書的意味とともに文中での意味も具体的に考えさせる。
　　　（「ここでの体感とは何か？」など）
　　○調べた意味はクラスみんなで共有する。

T　「心の時間」って分かりましたか。(軽い問いかけ)

C　ぼくはゲームをしていると時間がすぐ過ぎちゃう。

C　苦手な勉強時間は長く感じるなあ。

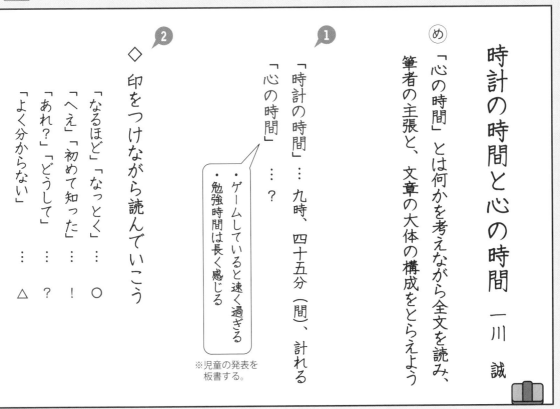

時計の時間と心の時間　一川　誠

め　「心の時間」とは何かを考えながら全文を読み、筆者の主張と、文章の大体の構成をとらえよう

❶　「時計の時間」…九時、四十五分（間）、計れる

「心の時間」　…？

・ゲームしていると速く過ぎる
・勉強時間は長く感じる

※児童の発表を板書する。

❷　◇　印をつけながら読んでいこう

「なるほど」「なっとく」…○
「へえ」「初めて知った」…！
「あれ?」「どうして」…？
「よく分からない」…△

---

3 印をつけながら黙読して，初めの感想を書こう。

T　「時計の時間」「心の時間」とは何か，筆者の主張は文章のどこにどう書かれているか考えながら読みましょう。

「笑うから楽しい」のときと同じように…。

○?!△の印をつけていくんだね。

教科書P62下段の「言葉に着目する」を確かめ，記号（○・?・!・△など）をつけながら黙読させる。

T　筆者は，どんな時間を「時計の時間」「心の時間」とよんでいましたか。どこに書かれていましたか。
C　②段落です。「時計の時間」はやっぱり時計が表す時間です。
C　「心の時間」は，体感している時間のこと。
C　「心の時間」の特性の事例は，その後です。
T　では，この「心の時間」について「なるほど」と思ったこと，自分が感じたことなどを発表しましょう。

自分の体験や実感も入れて簡単に書かせ，交流する。

4 筆者の主張と，文章の大体の構成を確かめよう。

T　この文章で，筆者が主張したいことは何でしょう。どこに書いてあるでしょう。

①段落と⑧段落に書いてあると思います。

どちらも2つの時間があることと，「心の時間に目を向ける」大切さについて書いてあります。

T　『笑うから楽しい』と同じように，最初と最後の段落に筆者の主張が述べられているようです。では，この文章を「初め」「中」「終わり」で分けられますか。
C　①段落が「初め」の段落です。
C　「このように」で始まる⑧段落は，「終わり」です。
C　じゃあ，②〜⑦段落が「中」になるね。
C　「心の時間」の特性について説明している。
T　そうですね。「中」では，筆者がどうしてそう考えるのか詳しく事例を挙げて述べています。

T　次時から，筆者の主張を詳しく読んでいきます。

板書例

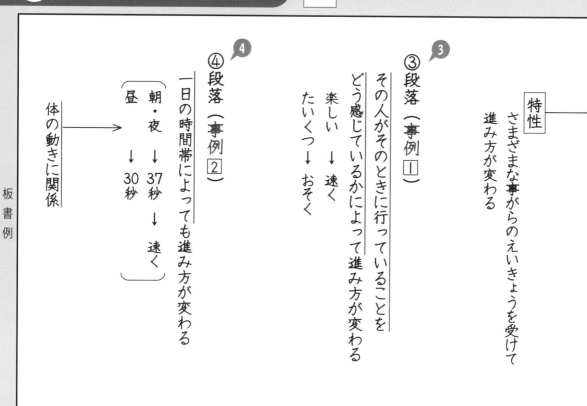

④段落（事例②）

体の動きに関係 →

一日の時間帯によっても進み方が変わる

｛朝・夜 → 37秒 → 速く
　昼 → 30秒｝

③段落（事例①）

その人がそのときに行っていることをどう感じているかによって進み方が変わる

楽しい → 速く
たいくつ → おそく

特性 ── さまざまな事がらからのえいきょうを受けて進み方が変わる

POINT ④段落の事例の，実験内容とグラフの読み取りは難しい。児童とやってみたり，グラフの数字を丁寧に読み取らせたりする。

1 『笑うから楽しい』の学習を振り返り，「事例」の段落を見つけよう。

T 『笑うから楽しい』では，段落の内容が2つに分かれていましたね。

C 「筆者の考え」と「事例」です。

　教科書 P62 の目標「筆者の主張と，それを支える事例の関係をとらえ…」を読む。

T まずは，①から⑧の段落で，「事例」について書かれている段落を見つけましょう。

③は「例」とあるから「事例」です。

④⑤⑥は「心の時間」の特性の事例だと思います。

①②はどちらも筆者の考えだから違います。

⑦⑧は「ここまで見てきたように」や「このように」とあるから，まとめです。

T どの段落に事例が出ているか大体分かりましたね。では，これから各段落の内容を見ていきましょう。

2 ①，②段落を読み，要点をまとめよう。

T ①段落で，筆者が言いたいことはどの文に書かれているでしょう。①段落の要点をワークシートに書きましょう。

そして，私は，「心の時間」に…の文じゃないかな。

「私は，」とあるから，筆者の考えだよね。

T ②段落は，「時計の時間」と「心の時間」の2つの時間の説明があります。違いをまとめてみましょう。書き出しは「時計の時間は…，心の時間は…」です。

C 「心の時間」は「時計の時間」と違って，いつでもどこでもだれにとっても同じように進まない。

C 進み方が変わるのが「心の時計」の特性だね。

C 様々な事柄の影響を受けて変わるんだね。

T 「心の時間」の特性についても書かれていますね。

　ふつう「要点」とは，段落の主旨，「要旨」とは，文章全体での筆者の主張，言いたいこと（主題）を指す。

準備物 ・ワークシート QR

ICT 心の時間について，理解が難しい児童には，ネットで画像や動画を検索して，説明の補助として活用するとよい。

時計の時間と心の時間

め 各段落の要点をまとめ、「心の時間」の特性に関する事例を確かめよう

① 段落（考え）
1
2

要点
そして、私は、「心の時間」に目を向けることが時間と付き合っていくうえで、とても重要であると考えています。

② 段落（考え）… 二つの時間の説明

「時計の時間」　地球の動きをもとに定められ　同じように進む

「心の時間」　体感している時間のことで　同じものとはいえない

3 ③段落を読み，「心の時間」の特性をまとめよう。

T　③から⑥段落は，「心の時間」の特性について事例を挙げて説明しています。
C　何によって進み方が変わるのかが書かれているね。

T　③段落は，どんな特性についての事例でしょう。

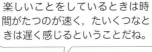

楽しいことをしているときは時間がたつのが速く，たいくつなときは遅く感じるということだね。

「その人がそのときに行っていることをどう感じているかによって進み方が変わる」事例です。

T　②段落の筆者のどの考えの事例になりますか。
C　「みなさんは，あっというまに…」の例だと思う。
C　人を待っているとき，時計ばかり見て長く感じた経験があります。

②段落の考えと③段落の事例とを対応させ、自分の体験を振り返らせる。

4 ④段落を読み，「心の時間」の特性をまとめよう。

T　④段落では，何によって「心の時間」の進み方が変わると書いてありますか。

1日の時間帯によってです。

朝か昼かによってです。

時間帯によって進み方が変わる実験をしています。

実験は実際にやってみると，手順と内容が児童にもよくのみ込めるだろう。グラフも難しい。「1日4回とはいつですか」「経過時間が一番長いのはいつですか」などの問答で丁寧に数字を読み取り，本文と対応させる。

T　この実験の結果から分かったことは何ですか。
C　朝や夜は，昼よりも時間が速くたつように感じるということです。
T　みんなもこんなことを感じたことはないですか。
C　朝，学校に行くまでの時間はあっという間に過ぎるように感じます。

本時の目標　⑤⑥段落の要点をまとめ，⑦段落はこれまでの事例から「2つの時間」についての考えを述べていることが分かる。

板書例

④

⑧段落（考え）…

　「このように…」

　・二つの時間と共に生活している

　・「時間」と付き合う

　筆者の主張

③

⑦段落（考え）

　「ここまで見てきたように…」

　・「心の時間」の四つの事例のまとめ

　・「時計の時間」は社会を成り立たせている

　「このことから…」

　・時計の時間が不可欠である

　・「時計の時間」に「心の時間」にずれが生まれ，時計の時間通りに進めるのは難しい

POINT　「社会」「可能」「不可欠」「ずれ」など，⑦段落も文脈に応じた言葉の意味の具体化や例示が必要となる。

---

1 ⑤段落を読み，「心の時間」の特性をまとめよう。

T　今度は「心の時間」の進み方は何によって変わると書いてありますか。

身の回りの環境です。

刺激の多さと関係があると言っています。

「刺激の多さと時間の感じ方の変化」の実験をしています。何か難しそうです。

T　刺激（＝円）の数を増やすと，表示された時間をどのくらいに（長く，短く）感じるかという実験ですね。

T　実験の結果からどんなことが分かりましたか。

C　円の数が多いほど長く感じた。

C　刺激が多いほど時間の進み方が遅く感じる。

　　この事例は児童の経験と結び付きにくい。また，この文章はやや複雑なため，実験の手順や結果を教師が具体的に言い換えるなどして説明し，ワークシートにまとめさせる。

2 ⑥段落を読み，「心の時間」の特性をまとめよう。

T　⑥段落では，「心の時間」にはどんな特性があると書いてありますか。

「人によって感覚が異なる」とあります。
どういう意味かな。

言葉の意味を捉え，必要な場合は具体例も示す。

T　ここでも簡単な実験をしていますね，みんなもこの実験をしてみましょう。

C　机を指でトントン軽くたたいてみるんだね。

C　自分にとって心地よいテンポ？よく分からない…。

C　ぼくはゆっくりしたペースが合っている気がする。

T　「人によって感覚が異なる」とはこんなことかな？と思ったことはありませんか。

C　ぼくは，早口だと言われるのもそうだと思いました。

　　⑥段落の「心の時間」の特性をまとめさせる。

時計の時間と心の時間

め　各段落の要点をまとめ、「心の時間」の特性に関する事例と筆者の主張について考えよう

❶
⑤段落（事例③）
「心の時間」の進み方
身の回りの環境によって進み方が変わる

刺激が多い　→　おそく
少ない　→　速く

❷
⑥段落（事例④）
人によって（心の時間の）感覚が異なる
ここちよいテンポ
活動のペース

∨人によってちがう

---

3 ⑦段落を読み，「心の時間」と「時計の時間」について考えよう。

T　⑦段落は何について書かれていると思いますか。
C　「ここまで見て」とあるから，事例のまとめです。
C　「時計の時間」について書いてあります。「時計の時間」は，社会に関わることを可能にし，社会を成り立たせているとあります。どういう意味かな。
T　もし，学校で時計の時間がなかったらどうなる？
　　具体的な場面に置き換え，考えさせる。

T　では，事例を受けて，筆者が言いたいこととは何でしょう。グループで話し合いましょう。

「このことから」とあるから，その後の文章と思う。

1つは，「時計の時間が不可欠なもの」ということだね。

もう1つは，「時計の時間」と「心の時間」にはずれがあり，時計の時間通りに何かをするのは難しいということだと思うな。

話し合ったことを，ワークシートにまとめさせる。

4 ⑧段落を読み，筆者の主張を読み取ろう。

T　では，どうすればよいのか…それが，⑧段落に書いてあるので読んでいきましょう。
T　筆者は，どんなことが大切だと言っていますか。

生活の中で「心の時間」に目を向けることが大切だと言っています。

「心の時間」の特性を知ることだね。

「心の時間」を頭に入れて，「時計の時間」を道具として使う，「時間」と付き合う知恵をもつことだとも言っているよ。

話し合ったことを発表させ，筆者の主張をまとめる。

T　筆者の言っていることについてどう思いますか。
C　人によってテンポが異なると分かっていたら，相手のことを考えて行動することができそうです。
C　時間帯によっても違うと知っていたら心構えもできると思います。

時計の時間と心の時間

第 **6** 時 （6/7）

本時の目標
・文章の構成をとらえ，説明の工夫に気づく。
・文章を読んで自分が考えたことを書くことができる。

板書例

・「心の時間」にも目を向けて二つの時間と共に生活しよう
・「時間」と付き合うちえをもとう

※児童の発表を板書する。

◇ 筆者の主張に対して考えたことを書いてみよう

・共感・なっとく，疑問
・自分の経験も例にする
・文章を読んで考えるようになったこと

〈伝え合いの例〉から
・自分の考え
・理由や具体例
・まとめ

〈書き方〉
「私は，……という筆者の主張に，
共感（なっとく）しました。
（疑問に思いました。）
それは，私にも，……
この文章を読んで，……」

※実態によって，書き方を
例示してもよい。

POINT 展開1，2，3の活動は効率よく進め，展開4の書く活動に十分時間をとる。

---

1 文章の組み立てを確かめ，筆者の工夫を考えよう。

T この文章の構成はどうなっていましたか。
C 「初め」は①，「中」は②～⑦，「終わり」は⑧。
T 筆者の主張は，どこに書かれていましたか。
C ①の「初め」と⑧の「終わり」です。
T 「中」には何が書かれていましたか。
C ②は「時計の時間」と「心の時間」という言葉の説明があって，③～⑥は実験などの事例がありました。
C ⑦は「事例」から考えられることのまとめです。

T なぜ，筆者は事例を4つも入れたと思いますか。

「心の時間の特性」を，実験の事例で分かりやすくするためだと思います。

なるほどと思いました。

T 主張を納得してもらうために，事実や実験の事例，説明を入れ，3つのまとまりで説明しているのです。

2 ⑧段落から筆者の主張を確かめ，考えてみよう。

T 筆者がこの文章で言いたかったこと，筆者の主張はどこにありましたか。どんな主張でしたか。

⑧段落です。

「生活の中で，『心の時間』にも目を向けることの大切さが見えてくるのではないでしょうか。」と書いています。

段落末の「そんな私たちに必要なのは，『心の時間』を頭に入れて，『時計の時間』を道具として使うという，『時間』と付き合う知恵なのです。」の文が筆者の主張になる。児童の発言をもとに板書にまとめていく。

T みんなは，筆者の主張をどう思いますか。
C ぼくは，ずっと宿題をやっていられないので，疲れたと思ったら休憩を入れてまたやったりします。宿題にかかる時間は長くなるけれど，その方が…。

児童からすぐに考えが出ない場合などには，教師の考えを伝えるとよい。

| 準備物 | | ICT | ノートに書くことも，タブレットに入力することも両方認める。ノートに書いた場合は，ノートを写真に撮って教師のタブレットに送信させておく。 |

時計の時間と心の時間

め
文章の構成と説明の工夫を考えよう
筆者の主張に対する自分の考えをまとめよう

初め
① 考え

中
② 考え（言葉の説明、「心の時間」の特性）
③ 事例 [1] 時間の進み方がちがう
④ 事例 [2]
⑤ 事例 [3] …人によってちがう
⑥ 事例 [4]
　　　↑ 考えの根きょ
⑦ 考え（事例から考えられるまとめ）

終わり
⑧ 考え（筆者の主張）

---

3 共感・納得したところ，疑問に思ったところを出し合おう。

T 「なるほど（共感した）」と思ったところはありましたか。

朝の時間は速くたつと感じる，というところです。

楽しいことをする時間は速く進むというところもです。

T 「へえ，よく分かった（納得）」というところは？
C 「心の時間」は長さが変わることです。
C 「時計の時間」もやっぱり大事なことだと分かった。
T では，「疑問に思ったところ」「納得できない」ところはありましたか。
C 周りに物が多いと「心の時間」の進み方が遅くなるというところです。ぼくはあまり感じません。

T そのような自分の考えをまとめていきましょう。
　教科書 P63 下段「伝え合いの例」を読み，参考にさせる。

4 時間について考えたことを書いてみよう。

T 「共感・納得したこと」「疑問に思ったこと」を中心に書いてみましょう。

なるほど納得と思ったのは…。
疑問に思ったのは…。

　筆者の主張に対して考えたこと，「時間」について考えたことを，できるだけ実体験も入れながら書かせる。

T 教科書の文例（P63 下）も参考にしましょう。
C なるほど，同じような書き出しで書いてみよう。
C 自分の体験が書かれているね。

　ここで書く時間を十分取るために，展開 1，2，3 の活動は効率よく進めておく。教師は見て回り，何人かの文を読み上げ，他の児童への参考にさせる。

T 次の時間に，書いたことを発表し合いましょう。

本時の目標 | 本文から時間について考えたことを伝え合い，多様な考えに気づくことができる。

板書例

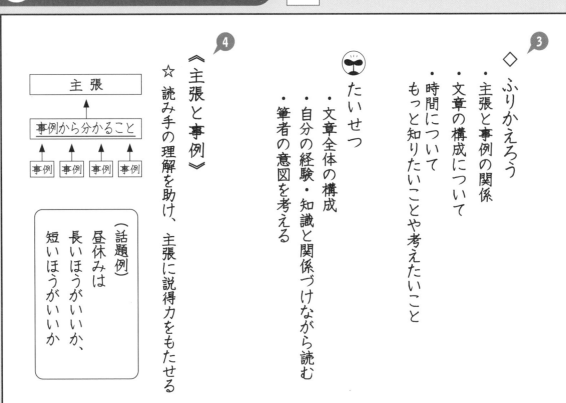

《主張と事例》 4

☆ 読み手の理解を助け，主張に説得力をもたせる

（話題例）
昼休みは長いほうがいいか，短いほうがいいか

主張
↑
事例から分かること
↑↑↑↑
事例 事例 事例 事例

たいせつ
・文章全体の構成
・自分の経験・知識と関係づけながら読む
・筆者の意図を考える

◇ ふりかえろう 3
・主張と事例の関係
・文章の構成について
・時間について もっと知りたいことや考えたいこと

POINT 時間について，友達はどんなことに気づいているか，どんな体験を挙げているかに注目させて聞き合わせる。

1 筆者の主張に対して考えたことを伝え合おう。

T 筆者の主張に対する自分の考えをまとめて書いたものを，グループで発表しましょう。自分の体験や考えと比べながら，聞いていきましょう。

ぼくは，『時計の時間と心の時間』を読んで，「心の時間」を頭に入れて，「時計の時間」を道具として使うという，「時間」と付き合うちえが必要だという筆者の主張に，特に納得しました。それは…

伝え合いは，時間に応じて，グループ内で全員が発表した後に代表者が全体の前で発表するなどとするのもよい。

T 友達の考え方はワークシートにメモしましょう。「同じ」であれば○，「違う」考えであれば□の印をつけておきましょう。
C みんな「筆者の主張」に対して，それぞれの経験をもとにして考えたことを発表していたね。
C 同じ主張に共感していても，考えたことはいろいろあったね。

2 友達の考えを聞いた感想を伝え合おう。

T グループで感想を伝え合いましょう。友達と同じように考えたというところはありましたか。

楽しい時間は早く過ぎるのは同じです。

わたしも△△さんと同じ経験をしたことがあるよ。

友達と同じように考えたところ，同じ経験をしたというところを中心に話し合い，全体でも交流する。

C 時間が速く過ぎるときとそうでないときがあると感じていました。それが「心の時間」の特性だと分かったというところが○○さんと同じです。
C 「歩くのがゆっくり」と言われたことは，◇◇さんの経験と同じです。ぼくも「心の時間」のテンポが関係していると思いました。
T 友達の考えとは違うという人も発表しましょう。
C ○○さんは…けれど，わたしは…だと思いました。

時計の時間と心の時間

め 「時計の時間と心の時間」の筆者の主張に対して考えたことを伝え合おう

❶
◇ 自分の考えを発表しよう

☆ 筆者の主張に対して
・共感・なっとくしたこと、
・疑問に思ったこと
・自分の経験をもとに

❷
◇ 友達の発表を聞いて、感じたことを伝え合おう
・私（ぼく）も同じ
・私（ぼく）はちがう
　　　というところ

---

3 学習を振り返ろう。

T 『時計の時間と心の時間』を読むときに大事だったことを考えてみましょう。

 文章で何度も使う言葉「時計の時間」「心の時間」がどんな意味をもつか, 最初に確かめました。

 いくつもの事例を読んで, 筆者の考えがよく分かりました。

T 筆者の主張と, それを支える事例とを合わせて読むとよく理解できましたね。では, 発表のときに, 分かりやすくするためにしたことは何ですか。
C 自分の体験を例に入れたことです。
T 考えを発表するときにも, 自分が体験した事例を入れると分かりやすくなるのですね。

T 「たいせつ」を読みましょう。大事なことは?
C 文章全体の構成と, 筆者の主張は何かを考える。
C 事例を自分の経験と関係づけて読む。
C 事例が何のために挙げられているか考える。
　　教科書P64「この本, 読もう」の本も紹介しておく。

---

4 「主張と事例」を使って話し合おう。

T 『時計の時間と心の時間』では, 主張と事例の関係が出ていました。教科書65ページを見ましょう。
C 心の時間の事例が出ているね。
C 筆者の言いたいことが「主張」だね。
C 楽しいときは「速い」という事例はよく分かった。
T では, この教科書の事例「昼休みは長いほうがいいか, 短いほうがいいか」を使って話をしてみましょう。どんな主張ができるでしょう。

教科書の女の子は「短いほうがいい」って言っているけれど, ぼくは長いほうがいいな。

同じ意見!だったら, 事例は, ドッジボールとか読書とかを取り上げたらどうかな。

時間が限られているので, 児童が出した主張や事例を全員で考えるという形でもよい。

ワークシート　笑うから楽しい／時計の時間と心の時間

時計の時間と心の時間　　　　名前（　　　　　　　　　）

● 段落ごとに要点をまとめましょう。

段落	筆者の考え／事例	要　点
①		
②		「時計の時間」は、 「心の時間」は、 「心の時間」には、 特性がある。
③		「心の時間」は、 によって進み方が変わる。
④		「心の時間」は、 によって進み方が変わる。
⑤		「心の時間」は、 によって進み方が変わる。
⑥		「心の時間」には、 という特性がある。
⑦		
⑧		

喜楽研

ワークシート 笑うから楽しい／時計の時間と心の時間

時計の時間と心の時間　　　名前（　　　　　　　　　）

● 友達の考えをメモしましょう

友達の名前	友達の考え	同じ ○ ちがう □

書楽研

文の組み立て

◎ 指導目標 ◎

・文の中での語句の係り方や語順について理解することができる。

◎ 指導にあたって ◎

① 教材について

　　文の組み立てについての学習は，説明文などで要約したり要旨を読み取ったりするうえでとても重要です。ここでは，主語と述語の関係に着目し，文をつなげたり分けたりすることで，文の内容を的確にとらえることができるようにします。この学習を契機に，説明文や物語文などでの読み取りにいかせるようにしていきます。

② 個別最適な学び・協働的な学びのために

　　教科書で見ると，作文の内容のように見えますが，児童の実態からすると，話し方の内容でもあります。発表の際に，「～だから，～で，～なので」とだらだらと話を続けてしまうという課題は多くの児童にあてはまります。「短く切って話しましょう」と指導しても，どうしてよいか分からず発表が止まってしまう児童もいるでしょう。また，教師の側でも，その場限りの指導になってしまい，結局，別の場では指導前の状態に戻ってしまうということもありがちです。

　　主語と述語とを1文に1つずつ入れると，文章も話も分かりやすくなるということを実感としてとらえ，自分の言語生活に主体的にいかす児童に育ってもらいたいものです。そのためには，この授業だけでなく，継続的に様々な場で指導を続ける必要があります。

知識 及び 技能	文の中での語句の係り方や語順について理解している。
主体的に学習に 取り組む態度	進んで文の中での語句の係り方や語順について理解し，これまでの学習をいかして設問に取り組もうとしている。

次	時	学習活動	指導上の留意点
1	1・2	・教科書で示されたカードを並べ替えて文を作る。 ・教科書の例文を読み，文章中の主語と述語を探す。 ・主語と述語の関係を見つけ，文を 2 つに分ける。 ・教科書 P67 の設問について考え，友達と話し合う。 ・「いかそう」を読み，学習を振り返る。	・友達が作った文と見比べさせ，語順はいろいろあることと，述語は一般的に最後にくることに気づかせる。 ・主語と述語の関係が複数ある文は，指示語を補うなどして短い文に分けて書き直せることを，練習問題を通して確かめ合わせる。

文の組み立て

本時の目標　主語と述語に着目し，文を2つに分けたり，2つの文をつなげたりすることができる。

板書例

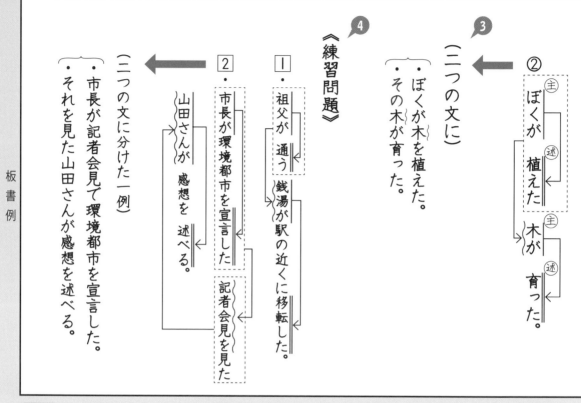

《練習問題》

④
・ぼくが木を植えた。
・その木が育った。

（二つの文に）←

②
（主）ぼくが（述）植えた
（主）木が（述）育った。

③

1
・祖父が通う銭湯が駅の近くに移転した。

2
・市長が環境都市を宣言した
・記者会見を見た
・山田さんが感想を述べる。

（二つの文に分けた一例）←
・市長が記者会見で環境都市を宣言した。
・それを見た山田さんが感想を述べる。

POINT　1つの文を分けるとき，いくつかの主語と述語の関係を丁寧におさえて，中心はどちらなのかをしっかりと確かめる。

1　カードを並べ替えよう。

教科書 P66 の問いにある 5 枚のカード「木を」「植えた」「庭に」「ぼくは」「昨日」をばらばらに黒板に貼る。

T　この 5 枚のカードを並べ替えて文を作りましょう。
C　「植えた」が最後かな。
C　「木を」と「庭に」は，どっちが先になるかな。
C　「昨日」は，最初がいいんじゃないかな。

しばらく考えさせてから，何人かに前で並べさせる。

T　カードは，みんなが同じ場所に置いたものと，人によって違う場所に置いたものとがありましたね。

「植えた」は，みんな最後に置いたよね。

最初には，「昨日」とした人と「ぼくは」とした人がいた。

昨日
ぼくは
…
植えた

T　今日は，文の組み立てについて勉強します。

2　主語と述語はどれか考えよう。
　2 組の主語と述語の関係を考えよう。

「①枝がのび，葉がしげる。」「②ぼくが植えた木が育った。」と板書する。

T　この 2 つの文の主語・述語はどれでしょう。主語に線を，述語に二重線を引きましょう。
C　主語は，「誰が」「何が」にあたる言葉だから，①は「枝が」「葉が」だ。1 文に 2 つある。
C　②は「ぼくが」「木が」が主語。主語が 2 つある。
C　述語は，「どうする」「どんなだ」「何だ」にあたる言葉です。述語も①と②に 2 つずつあります。
T　そうです，この 2 文には 2 組の主語と述語があります。この 2 組の関係を考えましょう。

①は，2 つの文が対等に並んでくっついています。

②の「ぼくが植えた」は，「木が」の主語を詳しくして，どんな木なのかを説明しています。

修飾と被修飾の関係を矢印で示し，②は，2 組のうち，中心となる主語は「木が」であることを確認する。

| 準備物 | ・（黒板掲示用）ことばカード **QR**
・ワークシート（練習問題 ①②）**QR** |

| ICT | 言葉のカードは、タブレットのシートで1つずつ作成し、児童に共有しておくと、手元のタブレットで操作しながら効率よく学習できる。 |

文の組み立て

め 語順や主語と述語の関係を考えよう

❶

木を　植えた　庭に　昨日　ぼくは

※ QR コンテンツのことばカードを
出力し，ばらばらに掲示する。

◇ 並べかえよう
・ぼくは昨日庭に木を植えた。
・昨日ぼくは木を庭に植えた。

※児童の発表を板書する。

❷ 《文の中の主語と述語》

①
主 枝が　述 のび、　主 葉が　述 しげる。

---

3 ②の文を，指示語を使って
2つの文に書き直そう。

T　①の文を2つの文に書き直せますか。
C　簡単です。「のび、」を「のびた。」に変えたら
　　2つの文になった。
T　②の文も，2つの文に書き直すことができます。
　　教科書67ページを読みましょう。

「その」という指示語が
使われています。

ぼくが木を植えた。
その木が育った。

C　「ぼくが植えた」だけでは意味が分からないから。
C　「木が育った」だけでは，どんな木か分からない。
C　どちらの文にも，この文の中心となっている文の
　　主語の言葉「木」が入っている。

　　指示語を補うことで，2組の主語・述語の関係（修飾・被
修飾）がはっきりと分かることを説明する。

---

4 主語と述語を見つけよう。

　　教科書 P67 の ① と ② の問題に取り組ませ，話し合う。
T　①の問題は，主語・述語に線を引きましょう。引
　　けたら，主語・述語の関係を矢印で表しましょう。
C　「券売機が」が主語，「故障した」が述語だ。
C　「電車が」も主語で，「おくれた」も述語だね。
C　「祖父が～」の文では，「祖父が通う」が「銭湯」
　　を修飾しているね。
T　②の問題は，まず，主語と述語に線を引いてから，
　　2つの文に書き直しましょう。

2つ目の文は，「市
長が…宣言した」が
「記者会見」を修飾
している。文を分け
るときに「記者会見」
を「それ」と書き表
せばいいね。

主語や述語が3つも
あって難しい…。

　　練習問題の答えを，全体で確かめる。時間があればワーク
シート **QR** に取り組ませる。
　　最後に，「いかそう」を読み，学習を振り返る。

ワークシート　文の組み立て

練習問題　1　　　　　　　名前（　　　　　　　　　　）

● 次の文には、主語と述語の関係が二つあります。（例）にならって、主語には——線を、述語には＝＝線を引き、その関係を矢印などで示しましょう。

（例①）つぼみが ふくらみ、花が さく。

（例②）父が 乗った バスが 時間通りに 出発した。

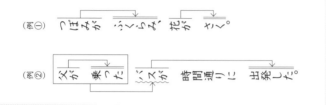

① 雨が ふり、強い 風が ふく。

② 友達が 投げた 球が うまく まとに 当たった。

③ 祖母が 通う 図書館は、改修工事のため 休館している。

④ かみなりが 鳴ると、いつも となりの 犬が ほえる。

喜楽研

ワークシート　文の組み立て

練習問題 ②　　　　　　　　　　名前（　　　　　　　　　　　　　　　）

● 次の文を、二つの文に分けて書き直しましょう。

① 兄が乗った新幹線が駅に着いた。

（　　　　　　　　　　　　　　　　　　　　　　）

（　　　　　　　　　　　　　　　　　　　　　　）

② ぼくが机の上に置いた分厚い本は友達が今日貸してくれたものだ。

（　　　　　　　　　　　　　　　　　　　　　　）

（　　　　　　　　　　　　　　　　　　　　　　）

③ 専門家が地球温暖化の問題について解説したテレビ番組を見た姉が感想を述べる。

（　　　　　　　　　　　　　　　　　　　　　　）

（　　　　　　　　　　　　　　　　　　　　　　）

④ 母が提案した夏休みの計画を聞いた私たちはおどろきのあまり言葉がすぐに出てこなかった。

（　　　　　　　　　　　　　　　　　　　　　　）

（　　　　　　　　　　　　　　　　　　　　　　）

喜楽研

たのしみは

◎ 指 導 目 標 ◎

・短歌に対する感想や意見を伝え合い，自分の作品のよいところを見つけることができる。
・語感や言葉の使い方に対する感覚を意識して，語や語句を使うことができる。
・語句の係り方や語順，話や文章の種類とその特徴について理解することができる。
・自分の考えが伝わるように書き表し方を工夫することができる。

◎ 指 導 に あ た っ て ◎

①　教材について

　　これまでにも短歌や俳句について触れてきていますが，ここでは児童が短歌を作り読み合う学習をします。そのため，まず橘曙覧の短歌を読み，短歌とはこういうものだということをとらえさせます。すると，何も特別な出来事ではなく，日常の暮らしに目を向け，それを短歌にしていること，また見えたものをそのまま言葉にしていることに気づくでしょう。また，短歌特有のリズム（調子）も感じ取れるでしょう。これを下地として短歌の形式を知らせ，児童にも短歌を作ろうと呼びかけます。自由題ではなく，「たのしみは」という始めの五音を決めておくことにより，テーマが絞られ発想もしやすくなります。また，作文のように長い時間の出来事ではなく，あるひとときを切り取っています。これらの原則的なことも，教科書の記述と合わせて児童に教えるとよいでしょう。

　　短歌を作るには，三十一音という決まった音数，形式の中でどんな言葉をよりよい表現にできるのか，言葉を吟味しなければなりません。また，短歌になる場面を見つけ出す感性も必要です。これらの活動により対象を見る目や言葉に対する感覚が磨かれ，書くという表現力を高めます。

②　個別最適な学び・協働的な学びのために

　　同じ五七五を扱う俳句は「省略の文学」と言われることがあります。その俳句に対し，短歌は，七七の十四音が付け加えられることになります。この十四音があるために，作り方は，短作文に近い感覚になります。どこを切り取って表現するかという意識が必要な俳句と違い，短歌では何を表現するかということが中心の課題となります。それだけ児童にとっては，素材に主体的に取り組みやすいといえるかもしれません。

　　また，交流も短歌の本来の姿でもあります。お互いに読み合うことで，読みのイメージが深まったり，意欲が高まったりするはずです。協働的で深い学びになりやすい学習といえるでしょう。

◎ 評価規準 ◎

知識 及び 技能	・語感や言葉の使い方に対する感覚を意識して，語や語句を使っている。 ・語句の係り方や語順，話や文章の種類とその特徴について理解している。
思考力，判断力，表現力等	・「書くこと」において，自分の考えが伝わるように書き表し方を工夫している。 ・「書くこと」において，短歌に対する感想や意見を伝え合い，自分の作品のよいところを見つけている。
主体的に学習に取り組む態度	学習の見通しをもって短歌を作り，積極的に短歌に対する感想や意見を伝え合おうとしている。

◎ 学習指導計画　全 3 時間 ◎

次	時	学習活動	指導上の留意点
1	1	・学習のめあてと内容を確認する。 ・橘曙覧の短歌を読み，短歌の作り方を確かめ，短歌に表したい場面について考える。	・日常の暮らしの中から，喜びや楽しみを見つけて短歌にしていることに気づかせ，自分にも作れそうと思わせる。
2	2	・短歌の形式に沿い，言葉を工夫しながら，短歌を作る。 ・言葉を入れ替えたり，語順を変えたりするなどの工夫をする。	・五感を使って，その一瞬の場面の様子やそのときの気持ちを細かく思い出させる。
	3	・短歌発表会を行い，友達が何に「たのしみ」を感じているのか，互いの表現のよさに着目しながら，意見や感想を交流し合う。 ・学習を振り返る。	・友達の「たのしみ」を読み取り，自分とは違ったものの見方があることに気づかせる。 ・どの作品にも「よさ」が見つけられるよう配慮し，児童全員に短歌への親しみが感じられるようにする。

たのしみは

第 1 時 （1/3）

板書例

4

◇ 短歌にしたい場面をさがそう

〈短歌の作り方のルール〉
・五・七・五・七・七の三十一音
・小さな「っ」、のばす音、「ん」も
　一音とする
・「たのしみは」〜「時」

※小黒板に書くか，QRコンテンツの資料を掲示する。

たのしみは朝おきいでて昨日まで
無かりし花の咲ける見る時
（たのしみは、朝起きて昨日までさいていなかった
花が咲いているのを見る時）

3

たのしみは妻子むつまじくうちつどひ
頭ならべて物をくふ時
（たのしみは、奥さんや子どもといっしょに
何かを食べる時）

・日常の暮らしの中のあるひととき
・ささやかな楽しみや喜び

POINT　教科書や児童作品例の短歌を紹介し，短歌作りのイメージをつかませる。

1 学習課題を確かめ，学習計画を立てよう。

T　今日から，短歌を作る学習をします。
C　短歌ってどういうものだったかな。
C　どんな短歌を作ったらいいのかな。
T　教科書 68 ページを読んで，どのような短歌を作るのかを確かめましょう。

自分の楽しみな時を表す短歌とあるよ。

私が楽しみな時は，友達と話をしている時かな。

ぼくは，ごはんの時かな。

学習課題と，これからの学習の進め方を確かめる。

T　みんなにも，それぞれ「たのしみな時」というのがありますね。そのことを短歌に表して，みんなに発表してもらいます。
C　短歌を作って，短冊に書いて読み合うんだね。

2 橘曙覧の『たのしみは』の短歌を読んでみよう。

T　江戸時代の歌人，橘曙覧の『たのしみは』という短歌が 2 首あるので読んでみましょう。

　教師の読みに続けて児童に 3 回ずつ短歌を読ませ，リズムを感じ取らせる。

T　1 首目の短歌で，橘曙覧は，どんな時が楽しいと言っていますか。

奥さんや子どもと一緒に何かを食べる時。

仲がいいんだね。家の中が平和な感じがするよ。

T　2 首目の短歌ではどうですか。
C　朝起きて，昨日まで咲いていなかった花が咲いているのを見る時とあります。
C　毎日の生活の中のちょっとしたことを表している。

T　2 首とも日常の暮らしから楽しみを見つけて短歌にしていますね。どんな小さな発見でも短歌になります。

たのしみは

め 学習の見通しをもとう
「たのしみは」の短歌にしたい場面を
見つけよう

◇ 見通しをもとう

❶
① 短歌にしたい場面を決める
② 「たのしみは」で始まる
　短歌の形にする
③ 表現を工夫する
④ 短歌を読み合い、感想を伝え合う

❷
橘 曙覧（江戸時代歌人）
〈短歌の場面〉

---

3 短歌の形式や内容について話し合おう。

黒板に2首の短歌を掲示する。

T 声に出して読んで，気づいたことはありませんか。
C 五，七，五，七，七の音で作られています。
C 昔の言葉が使われています。

T 短歌とは，五七五七七の三十一音からできています。小さな「つ」や，のばす音，「ん」も一音と数えます。

T この2首の短歌で共通していることはありますか。

どちらも「たのしみは」で始まり，「時」で終わっています。

私たちも「たのしみは」と「時」を使った短歌を作りたい。

短歌のルールを小黒板にまとめておくなどして，次時でも使えるようにする。（掲示物 QR を準備しておいてもよい）

4 自分の楽しみを見つけよう。

T まず，短歌にしたい場面を探していきましょう。みんなが考える「たのしみ」をノートに書いていきましょう。いくつでもいいですよ。
T 書けたら，みんなの「たのしみ」を発表してください。

 朝顔の新芽が出たとき。

 遠足の前の晩。

 リレーでゴールテープを切ったとき。

教科書P69の①の下「題材を決めるときは」を参考に，生活の様々な場面から楽しかったこと，嬉しかったことを思い出させ，交流する。

T 橘曙覧の短歌のように日常のささやかな楽しみや喜びを見つけていきましょう。

思いつかなかった児童には次時までの宿題としておく。

本時の目標　五感で表した言葉を使ったり表現を工夫したりして短歌を作ることができる。

板書例

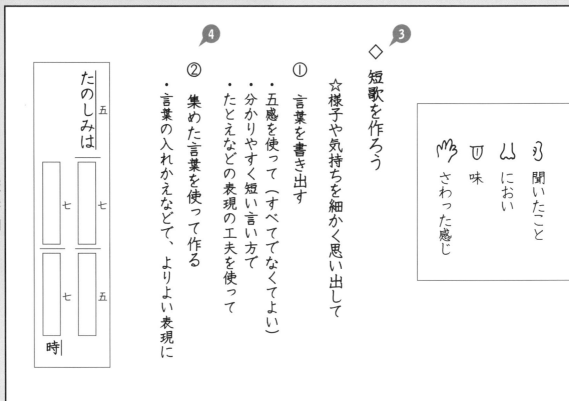

❸
◇ 短歌を作ろう
☆ 様子や気持ちを細かく思い出して
① 言葉を書き出す
・五感を使って（すべてでなくてよい）
・分かりやすく短い言い方で
・たとえなどの表現の工夫を使って
② 集めた言葉を使って作る
・言葉の入れかえなどで、よりよい表現に

聞いたこと
におい
味
さわった感じ

❹

たのしみは　五　七　七
　　　　　　七　五
　　　　　　時

POINT 場面の様子やその時の気持ちを，五感を使って細かく思い出させる。

1 短歌にする場面を選ぼう。表現の工夫について知ろう。

T　今日は，みんなに短歌を作ってもらいます。
T　いくつか見つけた「たのしみ」の中からまず１つ短歌にする場面を選びましょう。

短歌にしやすい場面がいいな。

いくつか思いついた中で，どの場面にしようかな。

T　場面を選べましたね。では，その場面を短歌の形にするとき，気をつけることがありましたね。
　前時にまとめた短歌の作り方ルールを再確認する。
T　伝えたい思いや様子を三十一文字の中に表現するときの工夫の仕方も確かめましょう。
　教科書P70「表現を工夫するときは」を読む。
C　１つ目は，「言い換えや例えの表現を使う」。
C　２つ目は「言葉の順序や書き表す文字を変える」。
C　順序や文字を変えてみるは簡単だと思うけど，言い換えや例えはどうすればいいのかな。難しそう。

2 橘曙覧の短歌で，五感で表現されているところを見てみよう。

T　言い換えや例えなどは，そのときの様子を，五感を使って言葉に表してみるといいですよ。
C　五感は，見えるもの，聞こえるもの，匂い，味，触った感じのことだね。
T　橘曙覧の短歌で，五感で表現されているところはどこでしょう。

「頭ならべて」というのは，目に見えた，見たものです。

「花の咲ける」というのも見たものです。

T　では，１首目の「頭ならべて」を「みんな並んで」にすると，どんな感じを受けますか。比べてみましょう。
C　「頭ならべて」の方が，みんなが身体を寄せ合っている感じがします。仲がよさそうな雰囲気がします。
C　そのとき見たものを短歌に入れたらいいんだね。
C　作者が見た様子が想像できるね。

準備物 ・第1時に短歌のルールを書いた小黒板，または掲示物

ICT 短歌にしたい場面を探し出し，タブレットでいくつか撮影して保存しておくと，短歌作成時の手助けになる。

たのしみは

め 短歌にしたい場面を選び、表現を工夫して短歌を作ろう

❶ ◇ 短歌にする「たのしみ」の場面を一つ選ぼう

〈短歌の作り方のルール〉
・五・七・五・七・七の三十一音
・小さな「っ」、のばす音、「ん」も一音とする
・「たのしみは」〜「時」

〈表現の工夫〉
・言いかえ、たとえの表現を使う
・言葉の順序、書き表す文字を変える

❷ 〈五感〉
 見たもの
を使って

※第1時に書いた小黒板，または、QRコンテンツの資料を掲示する。

---

3 場面の様子や気持ちを細かく思い出し，短い言葉で書いておこう。

T 選んだ場面の様子やその時の気持ちを，五感を使って細かく思い出してみましょう。

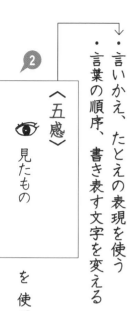

朝顔の芽が出た時…，
見たものは，黄緑色の小さな芽、
種を被って丸まっていたな。
触った感じは，柔らかかったな。
芽を見つけたときは
ホッとしたな。

T では，思い出した言葉を短い言葉で表し，ノートに書いておきましょう。
C 種がついている様子をうまく表したいな。ぼうしを被っているみたいだったから「たねのぼうし」にしよう。朝顔がぼうしを深くかぶって，「はずかしそうに」しているみたいだった。
C リレーのアンカーでテープを切ったとき，テープが「ぴーんとはって」見えた。

4 並べ方を工夫して短歌を作ろう。

T 今集めた言葉の中から短歌を作っていきましょう。
T では，表現の工夫に気をつけて三十一音にまとめていきましょう。

あの時のことをもっとうまく表現する言葉がないかな。

言葉の順番を入れかえてみると，どうなるかな。

「たのしみは □ □ □ □時 」の□枠の中に入れる言葉を吟味させる。できるだけたくさんの言葉を考えさせてから，いろいろ言葉を入れ替えてみたり，語順を変えたりするなど，工夫させるとよい。

T □の枠に入れる言葉や順番を決めた人は，短歌をノートに書いておきましょう。
授業中に作れなかった児童には宿題とさせる。

板書例

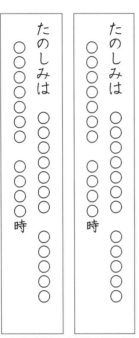

・五感で感じたことが表されているところ
・作者の気持ちが伝わってくるところ
・その人らしさが出ているところ
・場面の様子がよく分かるところ
・こうしたら、もっとよくなる というところ

たのしみは　たねのぼうしの　小さな芽
はずかしそうに　顔を出す時　○○○○

たのしみは　リュックサック　まくらもと
置いてねる夜　朝を待つ時　△△△△

たのしみは　あついバトンを　にぎりしめ
ぴーんとはった　テープ切る時　□□□□

たのしみは
○○○○　○○○○○
○○○○　○○○○○時　○○○○

たのしみは
○○○○　○○○○○
○○○○　○○○○○時

※児童が発表した短歌の短冊を貼っていく。（または，短歌を板書していく）

POINT どの児童の作品にも「よさ」が出るように配慮し，短歌の楽しさを感じ取らせるようにする。

1 自分の作品を短冊に清書しよう。

T　今日はみんなが作った短歌を短冊にきれいに清書してもらいます。そしてお互いに読み合い，意見や感想を交流し合います。

　　短冊に清書する前に，隣の席の人と作品を見せ合い，短歌作りのルールに合っているか，字の間違いがないかを確かめ合わせる。

T　間違い直しをしたら短冊に清書していきましょう。五七五七七の区切りが分かるようにきれいに書いていきましょう。

もう間違いはないかな。

がんばって考えた短歌だから，きれいに清書しよう。

　　短冊用紙に鉛筆で下書きさせた後，ペンでなぞって清書させる。

2 作品を読み合っていくときの注意点を確かめよう。

T　意見や感想は，どういうことについて出し合えばよいでしょう。

五感で感じたことがきちんと書けているところです。

その場面の様子がよく分かるところです。

T　グループに分かれて作品を読み合います。どんなことを友達に伝えてあげるとよいでしょう。
C　いいなと思ったところです。
C　表現が工夫されているところです。
C　作者の気持ちが伝わってくるところです。
C　その人らしさが出ているところかな。
C　こうしたらもっとよくなるというところも言ってあげたらいいと思います。

T　直した方がよくなりそうな時は，どう直すとよいと思うか自分の意見も一緒に言うようにしましょう。

準備物
・短冊（児童数）
・ペン

ＩＣＴ
作成した短歌は，自分の代表作を1つ選び，タブレットのシートに記入する。その作品に合った写真やイラストなどを添付し，みんなで鑑賞会を開くとよい。

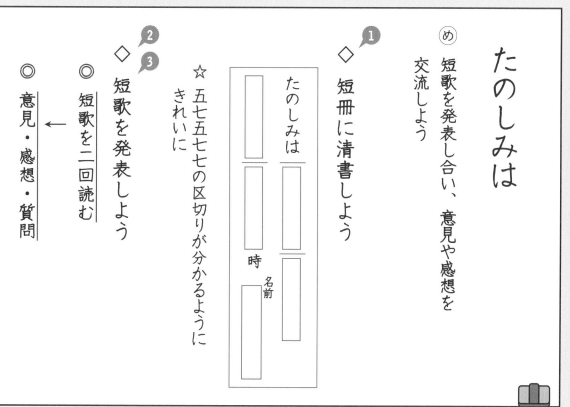

たのしみは

め 短歌を発表し合い、意見や感想を交流しよう

◇❶ 短冊に清書しよう

たのしみは

時
名前

☆ 五七五七七の区切りが分かるようにきれいに

◇❷❸ 短歌を発表しよう

◎ 短歌を二回読む ←

◎ 意見・感想・質問

3 短歌を発表し，意見や感想を交流しよう。

Ｔ 1人ずつ，自分の短歌を2回読み上げましょう。そして，意見や感想を言い合いましょう。質問でもいいですよ。

「たのしみは　たねのぼうしの　小さな芽　はずかしそうに　顔を出す時」（2回繰り返し）

芽が出た時の様子が思い浮かびます。よく見ていると思いました。

「はずかしそうに」の意味を知りたいな。

クラス全体で交流する。発表が終わった児童の短冊は、黒板に掲示していく。

Ｔ みんな，自分で作った短歌を発表できました。いろいろな表現の工夫がありましたね。

4 短歌作りを振り返り，これからも五七五七七で周りを見回そう。

Ｔ 短歌作りはどうでしたか

難しかったけれど，五七五七七の調子で言葉を見つけていくのがだんだん楽しくなりました。

「はじめての短歌づくりは　難しいブツブツ言って　語呂合わせする」

学習を振り返り，交流する。児童が短冊に書いた短歌は、教室内に貼ったり，学級通信で紹介したりする。

「たのしみは」で始まる短歌以外にも，「かなしみは」「笑えるは」「幸せは」などはじめの言葉を変えて作らせても楽しい。本授業だけでなく，朝の会などを使って継続的に短歌に触れさせていくのもよい。

天地の文

◎ 指導目標 ◎

・近代以降の文語調の文章を音読するなどして，言葉の響きやリズムに親しむことができる。
・古典について解説した文章を読んだり作品の内容の大体を知ったりすることを通して，昔の人のものの見方や感じ方を知ることができる。

◎ 指導にあたって ◎

① 教材について

　　福沢諭吉が子ども用の習字手本として書いた文の1つです。読み慣れない言葉遣いですが，内容としては，方角や週日など当たり前のことを書いています。それだけに，現代文のリズムとの違いを感じるはずです。

　　音読で，古文のリズムを体感させることが主な目的です。一斉に読んだり，列ごとに読んだりと様々な読み方でくり返し音読させます。すらすら読めるようになってからが，リズムを楽しめる段階です。

　　意味については，訳文も載っています。先にこの訳文を読ませておくというのも1つの方法です。内容の理解は児童に考えさせることにこだわらず，教師が説明をして時間を音読に割きたいところです。

② 個別最適な学び・協働的な学びのために

　　リズムの心地よさを実感することで，そのリズムを楽しみ，主体的にそのリズムにのって音読するという姿勢を引き出します。一見，抵抗を感じる見慣れない文章ですが，現代文とは違う文章にも関心をもつきっかけになってほしい教材です。

知識 及び 技能	・近代以降の文語調の文章を音読するなどして，言葉の響きやリズムに親しんでいる。 ・古典について解説した文章を読んだり作品の内容の大体を知ったりすることを通して，昔の人のものの見方や感じ方を知っている。
主体的に学習に取り組む態度	進んで言葉の響きやリズムに親しみ，これまでの学習をいかして音読しようとしている。

◎ 学習指導計画　全 1 時間 ◎

次	時	学習活動	指導上の留意点
1	1	・教科書 P72，73 の教材文の範読を聞き，現代語訳を読む。 ・教材文を読む。 ・分からない言葉を確かめ，本文のおおまかな内容を理解する。 ・リズムを感じられるよう音読練習する。 ・筆者の考えについて感想をもつ。	・時間や週日などの決めごとについて内容の大体を理解させる。 ・現代と違う読み方や，どこで区切るかに気をつけ，友達と聞き合いながら繰り返し音読させる。

板書例

4

◇ リズムを意識して音読しよう
・ひとりで
・となりの人と

・名目（みょうもく）　…　名前、一週間の日の名前
・怠（おこた）らば　…　怠（なま）けたら
・甲斐（かい）なかる　…　しかたがない

◇ 筆者の思いについて考えよう
（最後の一行）
稚（おさな）き時に怠らば老いて悔（く）ゆるも甲斐なかるべし。

・（子どもに）しっかり勉強を
・あとで後かいしないように、がんばれ
・昔も今も同じだなあ

※児童の発表を板書する。

POINT　古文のリズムのよさを感じさせることに時間配分の上でも配慮したい。

1　「天地の文」の範読を聞こう。時代背景も確かめよう。

教科書 P72 の題と，その下の最初の 4 行を読む。

T　『天地の文』は，福澤諭吉が書いたものです。福沢諭吉は，社会の資料集にも出ていましたね。

C　明治時代の人だ。お札にもなった人だよね。

T　まだ江戸時代からあまり時間がたっていない明治の初め，書き言葉の文は今とはずいぶん違いました。

T　まず，先生が読みます。聞いてください。

範読する。教科書 P72 の QR コンテンツの音声を聞いてもよい。それから，下部記載の「天地の文」を書いた歴史的な背景（和暦から太陽暦へ）も確かめる。教科書 P73 の QR コンテンツの動画（5 分程度）を見るのもよい。

難しい習字手本だね。

話し言葉も難しかったのかな。

T　話し言葉は，書き言葉ほどは今と違わなかったようです。

2　「天地の文」を読み，感想を出し合おう。

T　まず左側 73 ページの訳から読んでみましょう。

現代語訳を読む。

T　訳の文を読んで，どう思いましたか。

C　東西南北の説明とか，当たり前のことだった。

C　意外と内容は簡単で，知っていることばかりです。

T　書いてあることは，特別難しくもないですね。

T　では，元の文を先生に続いて読んでみましょう。「天地日月。」

追い読みで，読み方を確かめながら音読する。

T　書いてあることを知ってから，この「天地の文」を読んで，どう思いましたか。

すらすら読めないよ。明治時代の人はこれを読んでいたんだね。

最後の 1 行を見ると，子どもにしっかり勉強しろよって言いたかったのかな。

準備物 ・福沢諭吉のイラスト（黒板掲示用）QR

ICT 福沢諭吉についてネットで検索をしてもよい。ただし，社会科の時間ではないので短時間でよい。時間を制限して調べさせる。

め 「天地の文」を声に出して読もう

天地（てんち）の文（ふみ）

1
・福澤 諭吉（ふくざわ ゆきち） 作

・明治時代の初め
（江戸時代のあと）

・子ども用の習字手本として
（書き言葉）

※QRコンテンツの
イラストなどを掲
示する。

3
《言葉》

天地の文「自然が教えてくれること」

・天地日月（てんちじつげつ） …この世の中の時間の流れ

・日輪（にちりん） …太陽

・週日（しゅうじつ） …一週間の日、週

---

3 分からない言葉を確かめ，本文のおおまかな内容を理解しよう。

T　分からないところを確かめていきましょう。

C　最初の「天地日月」から，何が言いたいのか分かりません。

T　そうですね。1部が題名で使われているということは，大事なところのはずです。自然や時間の流れについて書くよ，という始まりと考えておきましょう。「文（ふみ）」はどうですか。

C　「手紙」です。

T　では，「天地の文」はどんな意味だと思いますか。

C　「天と地からの手紙」かな。どういうこと？

T　自然が教えてくれること，くらいでいいですね。

C　「日輪」は，訳文を見ると太陽って分かる。

T　そうですね。分からない言葉は，訳とあわせて読んだら分かるところもあります。他には？

　　訳文と照らし合わせながら，週日，名目，怠らば，など簡単に言葉を確かめ，大体の意味をつかませる。

4 リズムを感じながら音読しよう。筆者の考えについて感想を発表しよう。

T　昔の文は，リズムが大切です。最後にリズムを意識しながら，読んでみましょう。

天地日月。
東西南北。…

　　1人で読んだり，隣の人と聞き合ったりして，繰り返し音読させる。

T　今の人には言葉は慣れないものが多いですが，リズムのよさはみんなにも分かりましたか。

C　すらすら読めて，意味も分かってきたら，リズムも感じられるようになりました。

C　最初の2文が短い文になっているのは，文の始まりだからリズムを考えたのかなと思いました。

T　最後の1行を読んでどう感じましたか。

C　あとで後悔しないように今がんばれ，って言われた気がします。昔も今も，子どもは同じようなことを言われていたんだなあと思いました。

情報と情報をつなげて伝えるとき

◎ 指導目標 ◎

・情報と情報との関係づけのしかた，図などによる語句と語句との関係の表し方を理解し使うことができる。

・目的や意図に応じて，集めた材料を分類したり関係づけたりして，伝えたいことを明確にすることができる。

◎ 指導にあたって ◎

① 教材について

　国語科に限らず，これから様々な教科で，調べて，伝える学習や機会は何度もあります。調べた情報をきちんと整理して，効果的に活用し，分かりやすく伝える力をつけることが大切です。

　この教材では，情報を整理して伝える３つの方法が具体的に紹介されています。まずは，その３つの方法を理解して，少しずつ様々な場面で使えるようにします。そのためには，この単元の２時間だけで習得させようとせず，少しずつ，継続的に「ミニ作文」などで練習をくり返すことが必要になります。

② 個別最適な学び・協働的な学びのために

　児童にとっては，この単元の内容をすぐに理解することは容易ではありません。教科書の説明だけでは難しい児童も多いでしょう。授業の展開で紹介しているように，児童用のタブレットをできるだけ活用して，児童１人１人の状況に合わせて指導をしていきましょう。ノートやプリントに書くことが苦手な児童は，タブレットに打ち込んでも構いません。タブレットなら，すぐに修正ができます。また，文章を共有して，ペアや全体で交流しながら理解を深めることができます。児童が取り組みやすいやり方を選択させましょう。

　また，この学習内容はすぐには習得できるものではありません。時間をかけて，様々な教科で活用しながら，次第に身につけていくものです。情報整理の３つの方法は，図を教室に掲示するなどして，常に意識しながら活動をくり返していくと効果的です。

知識 及び 技能	情報と情報との関係づけのしかた，図などによる語句と語句との関係の表し方を理解し使っている。
思考力，判断力，表現力等	「書くこと」において，目的や意図に応じて，集めた材料を分類したり関係づけたりして，伝えたいことを明確にしている。
主体的に学習に取り組む態度	進んで情報と情報との関係づけのしかたについて理解を深め，学習課題に沿って報告書を書き直そうとしている。

◎ 学習指導計画　　全 2 時間 ◎

次	時	学習活動	指導上の留意点
1	1	・情報を整理して伝える必要性を理解する。 ・教科書 P74 にある情報整理の 3 つの方法を理解する。	・教科書の例をもとに，たくさん情報があって困ったことを話し合わせる。 ・情報整理の 3 つの方法の具体例を考える。
	2	・教科書 P75 の設問を解く。 ・学習を振り返る。	・設問を解くときには，3 つの方法のどれが使えるのか，意識させるようにする。

情報と情報をつなげて伝えるとき

第 1,2 時 （1,2/2）

板書例

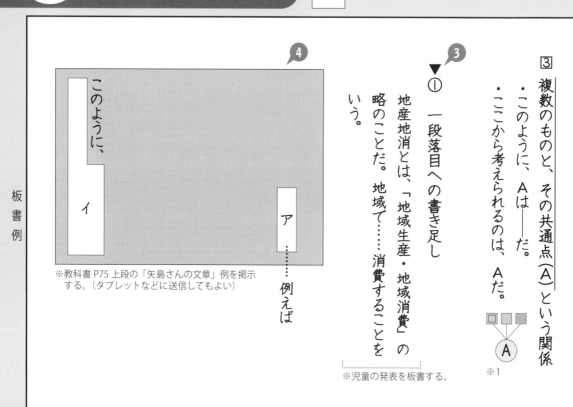

④

このように、

イ

※教科書 P75 上段の「矢島さんの文章」例を掲示する。（タブレットなどに送信してもよい）

ア

…………

例えば

③

▼①　一段落目への書き足し

地産地消とは、「地域生産・地域消費」の略のことだ。地域で……消費することをいう。

※児童の発表を板書する。

③　複数のものと、その共通点（A）という関係

・このように、Aは——だ。

・ここから考えられるのは、Aだ。

Ａ

※1

POINT 展開 2 の活動は，理解に個人差が出やすい。この時間のみで理解させ，活用させようとするのではなく，常時 3 つの方法

1 （第 1 時）情報を整理して伝える必要性を理解しよう。

教科書 P74 の矢島さんの例をもとに，情報が多すぎて，何を伝えたいのか，よく分からなかった経験について話し合う。

T　教科書 74 ページの上半分を読みましょう。

T　「調べた情報をただ並べるだけでは、何を伝えたいのか、よく分からないことがある」とありましたね。みなさんも、似たような経験はありませんか。

調べたことだけ書いてあって、ごちゃごちゃしているときがあるよ。

自分の考えが書いていないときもあるね。

調べたことと、自分の考えは違うよね。

T　調べたことをどのように整理したら，分かりやすく伝わるのでしょうか。

2 情報の整理の仕方を確かめよう。

T　分かりやすく伝えるために，情報の整理の仕方が 3 つあります。教科書 74 ページの下を見て確認しましょう。

ペアや班で，教科書を読み合い，情報整理の 3 つの仕方をお互いに説明し合う。

T　情報整理の 3 つの仕方について，それぞれの具体例をペア（グループ）で考えてみましょう。

「Aとは・・・のことだ」は、「A」は「学校」で「・・・」は、「みんなで勉強するところ」かな。

「このように…」は、野球やサッカーのどちらも、「ボールを使った競技」にまとめられるね。

タブレットのノート機能を使って，説明を児童間で共有させながら進めていく。

ペア（グループ）活動の後，全体で交流し，児童の考えをいかしながら，情報整理の 3 つの方法の具体例を板書したり，画用紙やタブレットにまとめたりしていく。

準備物
・教科書P74の3つの情報の整理を示した図
・教科書P75の練習問題の文章
※いずれも、タブレットで共有してもよい。

ICT
タブレットがフル活用できる。図などは児童に送信することで、理解しやすくなる。文章もタブレットに書き込むことで書くことが苦手な児童の負担も減る。

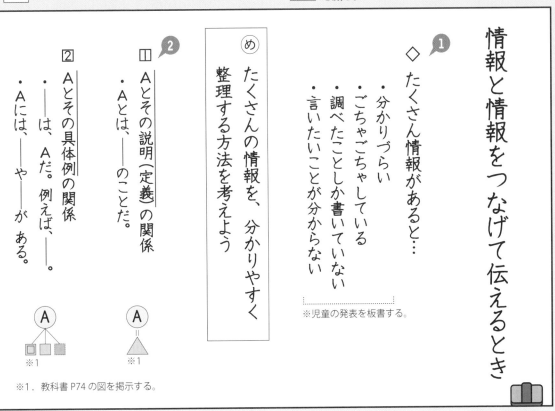

情報と情報をつなげて伝えるとき

① ◇ たくさん情報があると…
・分かりづらい
・ごちゃごちゃしている
・調べたことしか書いていない
・言いたいことが分からない

※児童の発表を板書する。

め たくさんの情報を、分かりやすく整理する方法を考えよう

② ① Aとその説明（定義）の関係
・Aとは、――のことだ。

② Aとその具体例の関係
・――は、Aだ。例えば、――。
・Aには、――や――がある。

※1. 教科書 P74 の図を掲示する。

を掲示するなどして、他教科でも活用できるようにしておきたい。

3 （第2時）矢島さんの文章の1段落目に、地産地消の情報を加えて文章を書き足そう。

T 教科書75ページの問題を考えます。まず、最初の▼です。文章の1段落目に、矢島さんが見つけた情報を加えて、文を書き足しましょう。
T まずは、1人で考えてみましょう。ノートでもいいですし、タブレットでもいいですよ。

①の関係の「Aとは――のことだ」が使えそうだね。

ノートに考えを書いてもよい。また、タブレットに教科書P75の本文を取り込み、児童に送信し、自由に使えるようにもしておく。ノートに書くことが苦手な児童は、文章全体を見ながら、自分のペースで書き加えることができる。

T 書き足した文章についてペア（グループ）で交流しましょう。
T 書き足すことによって、文章はどのように変わりましたか。
C 地産地消の意味がよく分かるようになったよ。

4 ⑦に入る言葉と①に入るまとめの文を考えよう。

T ⑦には、どのような言葉が入りますか。（2つ目の▼）
まず1人で考えさせた後、ペアやグループで話し合わせ、全体で交流する。

前後の文章をつないでいるから、②が使えそう。

⑦には「例えば」が入りそうだね。

T なぜ、「例えば」が入るのでしょうか。
なぜ、答えがそうなるのか、理由をしっかりと話し合わせ、教師がまとめをすると、理解が深まる。
T ①に入るまとめの文章を考えましょう。（3つ目の▼）
C ③の「ここから考えられるのは――」が使えそう。
①に入る文章は難しい。1人で考えさせる前に、①～③のうち、どの方法が使えそうかを発表させるとよい。できた児童から、困っている児童に寄り添う形で助言をするとよい。
T 振り返りを書きましょう。（書かせた後、発表）
C たくさん情報がある場合は、情報の中身を理解して、正しくつないで整理することが大切だね。

構成を考えて，提案する文章を書こう

デジタル機器と私たち

◎ 指導目標 ◎

・原因と結果など情報と情報との関係について理解することができる。

・筋道の通った文章になるように，文章全体の構成や展開を考えることができる。

・文と文との接続の関係，文章の構成や展開，文章の種類とその特徴について理解することができる。

◎ 指導にあたって ◎

① 教材について

　　構成を考えて，提案する文章を書くことがこの単元の課題です。デジタル機器との付き合い方を詳しく知ることが主な課題ではありません。説得力がある文章を書くために，どのような方法があるのか，文章をどのように書いていけばよいのかをグループで話し合いながら，学習を進めていきます。その文章を書くためのテーマが，「デジタル機器との付き合い方」になります。本来つけたい「書く力」の学習を通して，デジタル機器との付き合い方について考えることになります。

② 個別最適な学び・協働的な学びのために

　　書く力を高める教材と言えば，プリント（作文用紙）に 1 人で黙々と書くというイメージがあることでしょう。しかし，この単元では，プリントではなくタブレット，1 人ではなくグループで書くことを推奨しています。今の児童の生活環境には，デジタル機器が欠かせません。実際にデジタル機器を操作しながら，学習活動を進めることで，書く力と同時に，デジタル機器の使い方についても学習していきます。

　　グループで…となっていますが，1 人でじっくりと書く時間も十分に確保したいものです。また，プリントに鉛筆で書く方が学習しやすい児童もいます。このような児童の学習のしやすさも認めていきましょう。意見を交換するときは，タブレットの情報共有機能を使うとよいでしょう。個人の作業がリアルタイムに友達のタブレットに反映され，学習効率が上がります。

知識 及び 技能	・文と文との接続の関係，文章の構成や展開，文章の種類とその特徴について理解している。 ・原因と結果など情報と情報との関係について理解している。
思考力，判断力，表現力等	「書くこと」において，筋道の通った文章となるように，文章全体の構成や展開を考えている。
主体的に学習に取り組む態度	積極的に文章全体の構成や展開を考え，学習の見通しをもって提案する文章を書こうとしている。

◎ 学 習 指 導 計 画　　全 8 時 間 ◎

次	時	学習活動	指導上の留意点
1	1・2・3	・デジタル機器との付き合い方を振り返る。 ・学習課題を設定し，学習計画を立てる。 ・グループでテーマを考える。 ・提案内容を考える。	・日常生活から，どのようなデジタル機器を使っているか思い出させる。 ・便利なこともあるが，困ったこと，気をつけなければいけないことをテーマとする。
2	4・5・6・7	・提案する文章の構成を考える。 ・提案する文章を書く。 ・完成した文章を読み直す。	・タブレットの情報共有アプリ，または，模造紙と付箋を使って，意見を共有しながら構成を考えさせる。
3	8	・読み合い，説得力があるところを見つける。 ・友達のグループの説得力があるところを話し合う。 ・自分たちの文章にいかせるところはないか話し合う。 ・学習を振り返る。	・他のグループの完成した文章を読み合いながら，説得力があるところを見つける。 ・自分たちの文章と友達のグループの文章を比べ，自分たちの文章を改善させる。

デジタル機器と私たち

第 **1,2,3** 時（1, 2, 3/8）

本時の目標　デジタル機器と自分たちとの関係を考え，問題点を意識しながら，読み手に説得力をもって伝わる文章を書く見通しをもつ。

板書例

②

め　学習課題を設定して、学習計画を立てよう

○学習課題
デジタル機器を使っていて、こんなふうに使い、こういうことには気をつけた方がよいと思うことは、どのようなことか

○目標
説得力をもって伝わるように
構成を工夫して
提案する文章を書く

④ ③

○見通しをもとう
① グループでテーマを決める
② 情報を集めて、提案内容を考える
③ 提案する文章の構成を考える
④ 提案する文章を書く
⑤ 読み合って、感想を伝える

※教科書 P76 下を提示するか，タブレットで共有する。

POINT　3時間計画である。この展開内容であれば，1時間あれば理解できると思われるが，児童にとって身近で重要な，直近の

1 デジタル機器との付き合い方を振り返ろう。

T　私たちの周りには，デジタル機器がたくさんあります。どのように使っていますか。

C　家のパソコンで，気になることをインターネットで調べているよ。

C　お家の人のスマホで，友達にメッセージを送ってもらっているよ。写真撮影もできるね。

C　学校でも 1 人 1 台パソコンがあるね。

T　デジタル機器を使っていて、「こんなふうに使いたい」「こういうことは気をつけたい」と思うことはありますか。

思い出の写真や調べたことをまとめたい。

個人情報を勝手に流されると困るよね。

映画館で使っている人がいて、うるさかったよ。

友達にぼくのスマホを勝手に見られて嫌だった。

2 学習課題を設定し，学習計画を立てよう。

T　「気をつけたいこと」が多いみたいですね。このままでいいのでしょうか。

C　これからもずっと使うから，きちんと考えないと。

T　この単元では，どんな活動をするのでしょうか。教科書で確認しましょう。

　　教科書 P76 下を読み，既習事項や学習の見通しを確認する。教科書を読む前に，自分だったらどのように学習を進めていくかを予想させると，より主体的になる。

C　「デジタル機器との付き合い方で，気になることを調べて，提案する文章を書こう」とあるね。

T　今までの学習を思い出して，この単元の目標を話し合いましょう。

「説得力をもって，構成を工夫して書こう」かな。

いいね。

T　具体的にどのようにすることですか。

　　教科書 P77「目標」の下部分で，具体的な内容を確認する。

126

準備物
・デジタル機器の実物
（PC, タブレット, スマホなど）
・教科書P76下「見通しをもとう」の画像　など

ICT
児童にとって身近な内容である。自分のタブレットを実際に使ってみながら、便利なところや不安なところを話し合わせてもよい。

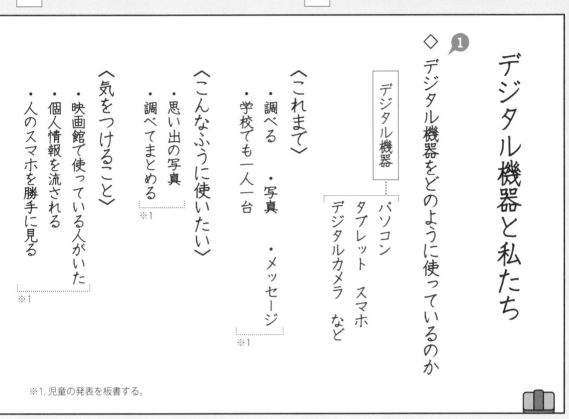

◇① デジタル機器をどのように使っているのか

[デジタル機器] → パソコン　タブレット　スマホ　デジタルカメラ　など

〈これまで〉
・調べる　・写真　・メッセージ
・学校でも一人一台

〈こんなふうに使いたい〉
・調べてまとめる　※1
・思い出の写真

〈気をつけること〉
・映画館で使っている人がいた
・個人情報を流される
・人のスマホを勝手に見る　※1

デジタル機器と私たち

※1.児童の発表を板書する。

学習内容である。特に、展開1・2の活動は時間をかけて話し合わせたい。

3 グループでテーマを決めよう。

T　グループでデジタル機器の使い方を振り返って、取り上げたいテーマを決めましょう。

図書館で着信音が聞こえて嫌だったことがあります。

歩きながらスマホをしている人がいて嫌だったな。

教科書P77下の「テーマを決めるときは」の内容を確認して、話し合いを始める。
決まったテーマは、タブレットを使って全体で共有する。

4 情報を集めて提案内容を考えよう。

T　みんなで協力して、情報を集めましょう。どのような方法がありますか。

インターネットで、まず調べよう。

インタビューもしてみよう。

アンケートを取ってもいいね。

まずは、役割を決めて調べてみよう。

T　いつまでに調べて、いつ話し合うのかを決めておきましょう。
　国語の時間だけで終わらないことが予想される場合は、総合的な学習の時間などと横断的に時間を設定する。
　活動内容を、学習管理アプリなどを利用して、教師も含め全員が確認できるようにするとよい。
　教師は、児童に任せるだけでなく、タブレットなどで状況を確認しながら、指導・助言をしていく。
T　調べるだけではなくて、自分の体験も含めて考えてみましょう。

本時の目標　筋道の通った文章になるように，文章全体の構成や展開を考え，提案する文章を書くことができる。

板書例

◇ 文章を読み返そう
④
・ 説得力があるか
・ 事実が書けているか
・ 実現可能かどうか
・ 根拠と事実が結び付いているか

※児童の発表を板書する。

③
タブレットで各グループが書いた文章を全体提示する。

②
意見をまとめている各グループのタブレットの様子を全体提示する。

POINT 付箋に書いて，構成を考える活動は，模造紙上でもできるが，できれば児童個人のタブレットの意見共有アプリを使って

---

1 提案する文章の構成を考える①
考えた内容を付箋に書き出そう。

T　これ迄に情報を集めて，提案内容を考えてきました。今日は，提案する文章の構成をどのようにするか，話し合いましょう。

T　教科書 78 ページ上の例を確認しましょう。

T　教科書 78 ページ下の「提案する文章の構成を考えるときは」を読んで，グループで確認しましょう。

　　教科書の内容をタブレットに送信したり，教科書のその部分をスクリーンショットしたりしておき，全体やグループ，個人で確認できるようにしておく。

T　まず，集めた情報や考えた提案内容を付箋に書きましょう。

C　赤色は「提案のきっかけ」にしよう。

C　緑色は「調べたこと」「体験したこと」かな。

C　青色は「考えたこと」や「提案すること」かな。

C　黄色は「まとめ」にしよう。

C　書き終わったら，みんなで持ち寄って話し合おう。

2 提案する文章の構成を考える②
付箋を使って構成を考えよう。

T　付箋を使って構成を考えましょう。

C　まずは，色別に分けてみよう。

T　模造紙にまとめてもいいし，タブレットの意見共有アプリでもよいですよ。

　　模造紙でも，タブレットでもどちらでもできるように準備をしておく。

自分たちの体験と結び付けて提案しよう！

調べたことをきちんと関連付けよう。

「まとめ」には，読む人への呼びかけの言葉を入れたいな。

<table>
<tr><td>準備物</td><td>・大きめの付箋（赤・黄・緑・青など）
・模造紙
※タブレット使用の場合は，どちらも必要ない。</td><td>ICT</td><td>この時間の全ての活動でタブレットを使用できる。意見共有アプリや文章作成アプリを使用し，意見や文章を全体で共有していくと使い方にも慣れる。</td></tr>
</table>

デジタル機器と私たち

め　提案する文章の構成を考えて、文章を書こう

❶

◇　提案する文章の構成を考えよう

ふせんを使って

赤・・・提案のきっかけ

緑・・・調べたこと、体験したこと

青・・・考えたこと、提案すること

黄・・・まとめ

初め
1．提案のきっかけ
↓
中
2．提案
↓
終わり
3．まとめ

※教科書 P78 上の「構成の例」や
P78 下の構成を考えるときの説
明を提示するか，タブレットで
共有する。

活動をさせたい。

---

3 提案する文章を書こう。

T　提案の意図や内容が分かりやすく伝わるように，提案する文章を書きましょう。

　文書作成ソフトを使ってもよいことを伝える。

T　教科書 80 ページの「岩木さんたちが書いた，提案する文章」を読んで，どんな文章を書けばよいのか確かめましょう。

　教科書 P80 を読み，それを例に，書く文章を分担する。
　教科書 P79 下の「提案する文章を書くときの言葉」を読み，グループで確認する。

「難しかったら，書き方をみんなで相談しよう。」

「○○さんとつながる文章が書けるかな。」

4 完成した文章を読み返そう。

T　文章が完成したら読み返しましょう。どんなことに気をつけますか。

「本当に実現可能かどうかが大切です。」

「提案内容と，根拠と事実が結び付いているか。」

「説得力があるか確認します。」

「きちんと事実が書けていないといけません。」

　読み返し，直す箇所の全てを書き直していては，時間が足りない。個人で書いた文章を組み合わせて 1 枚に貼ってもよいし，タブレットに書いた文章を，共有して合わせてもよい。直しは，赤線を引いて書き直したり，付け加えたりする程度でよい。

　大切なのは，丁寧に綺麗に書くことではない。説得力のある文章をみんなで協力して効率よく書くことであり，訂正箇所があるときの簡単な訂正の仕方を身につけることである。

デジタル機器と私たち

第 8 時 (8/8)

板書例

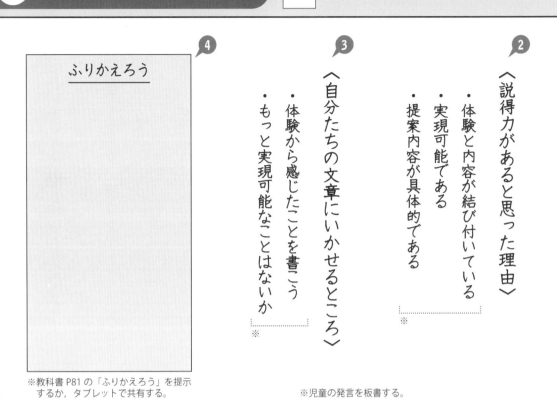

④
ふりかえろう

※教科書 P81 の「ふりかえろう」を提示するか，タブレットで共有する。

③
〈自分たちの文章にいかせるところ〉
・体験から感じたことを書こう
・もっと実現可能なことはないか
※

②
〈説得力があると思った理由〉
・体験と内容が結び付いている
・実現可能である
・提案内容が具体的である
※

※児童の発言を板書する。

POINT タブレットを使用すると，個人で他のグループの説得力があるところを何度も見直すことができ，学習の効率が上がる。

1 読み合って，「説得力がある」ところを見つけよう。

T　他のグループの提案する文章を読んで，「説得力があるな」と思ったことところを見つけましょう。

　① グループで作成した文章は，タブレットを使って教師に提出する。

　② 教師は，提出された文章を，児童全員が見ることができるようにしておく。

　③ タブレットを使って，それぞれのグループの文章を読み合い，「説得力があるな」と思ったところを見つける。

1班の提案は，自分の体験ときっかけをうまくつなげているね。

説得力があるね。

T　見つけた部分は，後で確かめられるようにしておきましょう。

　・印をつける。
　・その部分の文章をコピーして自分のタブレットに貼り付ける。
　・スクリーンショットを撮り，保存する。　など。

2 友達のグループの「説得力がある」ところを話し合おう。

T　他のグループの提案する文章の，「説得力があるな」と思ったところはどこでしょう。グループで話し合ってみましょう。理由も言いましょう。

　タブレットで文章を共有したり，全体に拡大して提示したりして，発表の補助とする。

体験が提案内容と結び付いていたね。

3班の内容なら，実現可能だね。

グループで話し合ったことを，全体でも交流する。

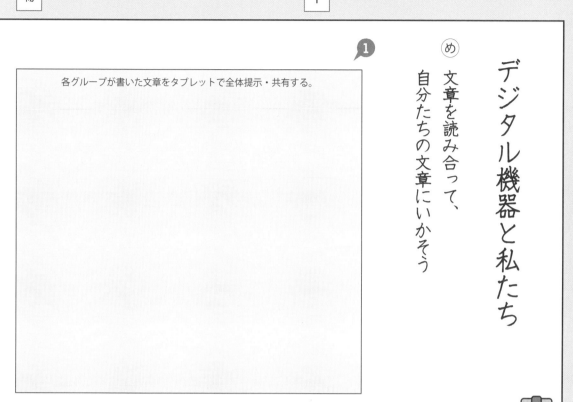

デジタル機器と私たち

め 文章を読み合って，
自分たちの文章にいかそう

❶ 各グループが書いた文章をタブレットで全体提示・共有する。

完成した文章は，グループや個人のファイルに保存するとポートフォリオ（個人評価ツール）になる。

3 自分たちの文章に いかせるところはないか話し合おう。

T 自分のグループの文章と比べて，同じだったところやいかせるところを話し合いましょう。

もっと実現可能なことを書けたらいいね。

体験から感じたことは，私たちも書いていたね。

時間があれば，作成した文章に，赤色で軽く修正をする。タブレットなら，上書きで書き直してもよい。

4 学習を振り返ろう。

T この学習で，どのようなことができるようになりましたか。

自分が体験したことと，提案内容とを結び付けると分かりやすいです。

具体的な内容を提案にもってくると説得力が増すと分かりました。

教科書 P81「ふりかえろう」を参考に話し合わせる。

T 教科書 81 ページの「たいせつ」を読んで，グループで学習したことを確認しましょう。

自分たちが書いた文章やメモと照らし合わせながら，学習したことを確認させる。

T この学習で身に付けた内容は，どのようなときに使えそうですか。

C 委員会活動やクラブ活動で何かを提案するときに使えそうです。

夏のさかり

◎ 指導目標 ◎

・語句と語句との関係について理解し，語彙を豊かにするとともに，語感や言葉の使い方に対する感覚を意識して，語や語句を使うことができる。

・目的や意図に応じて，感じたことや考えたことなどから書くことを選び，伝えたいことを明確にすることができる。

◎ 指導にあたって ◎

① 教材について

　6年生の「季節の言葉」では，日本の四季を豊かに表現する「二十四節気」の言葉について学習します。本教材「夏のさかり」では，そのうち，暦の上で夏を表す6つの言葉と，夏を詠んだ俳句や短歌を紹介しています。「春」の学習と同様に，児童が知っている「夏至」といった言葉の他にも，様々な言葉と出合うことができます。また，この教材では，夏のお便りを書く活動もします。このとき，手紙文でよく使われる時候の挨拶にも触れ，昔の人々の季節を大切にしてきた思いを感じさせます。季節が移り変わる中で，今，地域で感じる身近な夏を自分の言葉で表現しようとするきっかけとなる教材です。

② 個別最適な学び・協働的な学びのために

　「春」の学習と同様に，「夏のさかり」という言葉からイメージするものを出し合います。そのイメージマップをもとに，身の回りで感じる「夏」をみんなで共有して，夏のお便りを書きます。書く相手を決めて，自分が感じる「夏」を知らせるお便りを個別で書き，その後，鑑賞と相互評価を同時に行います。それぞれのお便りを交流することで，自分では気づくことができなかった作品のよさや工夫も見つけることができるでしょう。

知識 及び 技能	語句と語句との関係について理解し，語彙を豊かにするとともに，語感や言葉の使い方に対する感覚を意識して，語や語句を使っている。
思考力，判断力，表現力等	「書くこと」において，目的や意図に応じて，感じたことや考えたことなどから書くことを選び，伝えたいことを明確にしている。
主体的に学習に取り組む態度	積極的に季節を表す語彙を豊かにし，これまでの学習をいかして手紙を書こうとしている。

◎ 学習指導計画　　全 1 時間 ◎

次	時	学習活動	指導上の留意点
1	1	・「夏のさかり」という言葉からイメージするもの，身近で感じた「夏」を出し合う。 ・教科書で示されている二十四節気の言葉や解説，また，短歌や俳句を声に出して読む。 ・自分の地域で感じる「夏」を，相手を決めて手紙に書く。 ・書いた手紙をグループで読み合う。 ・感想を伝え合う。	・「夏」という言葉から連想する言葉をイメージマップでまとめる。 ・夏のお便りを書く相手を決める。実際に手紙を送る相手としてふさわしい相手を選ぶようにさせる。 ・友達とアドバイスしたり，教え合ったりして書くことも認める。 ・言葉の選び方や書き表し方など，表現に着目して感想や助言を伝え合い，よさを共有させる。

夏のさかり
第 ① 時 （1/1）

本時の目標　「夏」という言葉からイメージをふくらませ，意図に応じて季節を表す言葉を吟味しながら手紙を書こうとすることができる。

板書例

芒種（ぼうしゅ）	六月六日ごろ
夏至（げし）	六月二十一日ごろ
小暑（しょうしょ）	七月七日ごろ
大暑（たいしょ）	七月二十三日ごろ

◇ 夏の便りを書いてみよう ③

時候（じこう）のあいさつ
季節をあらわす言葉を用いた
短いあいさつ文のこと

※夏の校庭や校区の様子を撮った写真を掲示する。

・梅雨もあけて、明るい空が広がっています。
・暑さもいよいよ本番です。
・暑い夏がやってきましたが、お変わりなくお過ごしでしょうか。
・七夕の飾りが風にゆれてうれしそうです。
・学校の畑では、ミニトマトが赤くなってきました。
・せみの声が聞こえてくるようになりました。

※夏のこの時期の挨拶文の文例を掲示する。児童が考えた文を追加で板書するのもよい。

POINT　イメージマップを使って，「夏」という言葉からイメージを広げる。また，身近な夏の様子を写した画像を提示して，

1 「夏のさかり」「夏」という言葉から，イメージを広げよう。

T　「夏のさかり」「夏」という言葉から，どんなことをイメージしますか。

「夏のさかり」というと「夏まっさかり」だね。ぼくは、夏と言えばプール！気持ちがいいから。

かき氷。真夏の暑い日に食べるの大好き！

　まず，個人で夏といえばどのようなものをイメージするのかを考えさせ，ノートにイメージマップを書かせる。イメージをよりふくらませられるよう，夏の校庭や校区の様子を撮った写真を掲示する。

T　どのような言葉が見つかりましたか。
C　海です。青空の下で泳ぐのが気持ちいいからです。
C　花火大会です。夜空に浮かぶ花火を見るのが毎年の楽しみです。
C　あさがおです。弟が毎朝水やりを頑張っていて，花が咲いたときにすごく喜んでいました。

　全体で言葉を出し合い，板書でイメージマップに表す。

2 二十四節気を知り，夏に関する俳句や短歌を声に出して読もう。

T　「春」でも学習しましたが，日本には古くから「二十四節気」という，暦の上で季節を24に区切って表す考え方があります。そのうち，夏を表す6つの言葉を調べてみましょう。

「夏至」は知っているよ！昼がいちばん長い日だ。

「立夏」のように，その季節が始まることを「立〇」というんだね。

　教科書 P82，83 を読んで確かめる。
T　日本には夏を表す言葉がこれだけ豊かにあるのですね。

T　夏を表現した短歌や俳句を音読しましょう。

　教科書の3つの短歌や俳句を音読し，どのような景色を想像したか，感想を伝え合わせる。

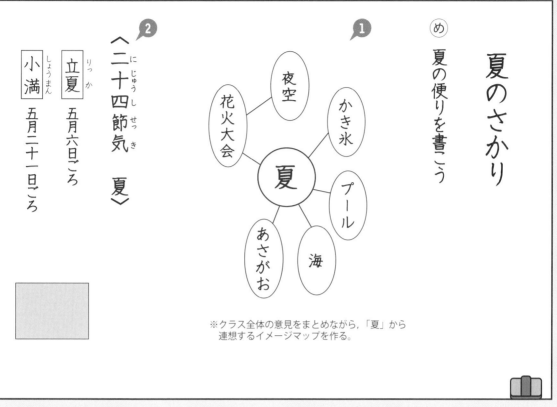

め　夏の便りを書こう

夏のさかり

① ※クラス全体の意見をまとめながら, 「夏」から
連想するイメージマップを作る。

夏 ― 夜空 ― 花火大会 ― あさがお ― 海 ― プール ― かき氷

②〈二十四節気（にじゅうしせっき）　夏〉

立夏（りっか）　五月六日ごろ

小満（しょうまん）　五月二十一日ごろ

イメージをより広げさせる。

3 時候の挨拶文を考えて, 手紙を書こう。

T　夏の便りを書きましょう。まず, 誰に書くか考え
ましょう。

　　書く相手を明確にさせて課題に取り組ませる。

T　お便りを書くときに「時候の挨拶」というものが
あります。季節を表す言葉を用いた短い挨拶文のこ
とです。どんな挨拶ができるか, 考えてみましょう。

　　教師が事前に用意した「文例」(定型文だけでなく, 身近な
夏の様子を表した例文がよい) を掲示し, グループごとに考
えさせる。

「七夕の飾りが
風に揺れて嬉
しそうです。」
がなんだか好
きだな。

「学校は, もうすぐ
夏休みです。」とい
うのはどうかな。

「学校のひまわ
りが咲き始めま
した。」っていう
挨拶文も考えら
れるよ。

T　時候の挨拶を考えたらお便りに書いてみましょう。

　　相手に伝えたい内容を書かせる。書く時間は確保する。

4 書いた手紙をグループで読み合おう。学習を振り返ろう。

T　では, 書いたお便りをグループで交流しましょう。

おばあちゃんの
体を心配して書
いた手紙なんだ
ね。

「学校に咲く花の様子」が
よく分かるね。

おばあちゃん,
このお便りを読
んだら, とても
喜んでくれる
よ。

　　それぞれが書いたお便りを交流し, 感想を述べたり, アド
バイスしたりし合う。途中の段階のものでも見せ合い, 交流
を通して作品を仕上げてもよい。

T　学習を通して, 考えたことやできるようになった
ことを振り返りましょう。ノートに書いたら発表し
ましょう。

C　おばあちゃんのことを思いながら, 書くことがで
きました。喜んでくれると嬉しいです。

本は友達
私と本／星空を届けたい

◎ 指導目標 ◎

・日常的に読書に親しみ，読書が，自分の考えを広げることに役立つことに気づくことができる。
・文章を読んで理解したことに基づいて，自分の考えをまとめることができる。
・文章を読んでまとめた意見や感想を共有し，自分の考えを広げることができる。

◎ 指導にあたって ◎

① 教材について

　　自分と本との関わりについて振り返ることにより，読書を身近なものに感じられるように学習を進めていきます。また，友達の読書の仕方や本との関わりについて聞くことで，読書生活の幅も広がることでしょう。

　　『星空を届けたい』は，筆者が従来のプラネタリウムの活動を広げたいという思いからさまざまな活動に取り組み，「ユニバーサルデザイン」という考え方に出会っていった話です。目の見えない人にもプラネタリウムを体験してもらう取り組み，さらには，天文関係の言葉を表す手話作りや，車いすやストレッチャーに乗った人でも望遠鏡がのぞける仕組みなど，ユニバーサルデザインの考え方で星や宇宙を伝えようとしている筆者の思いと活動を読み取ってほしい作品です。

　　いちばん心に残っている本について考え，その本がもつテーマや『星空を届けたい』を読んだ感想を交流することによって，自分の考えと友達の考え（感じ方）との違いに気づくことも大切です。また，「ブックトークの例」を参考に，テーマに沿って友達に本を紹介する文章のまとめ方も学習します。

② 個別最適な学び・協働的な学びのために

　　自分がどのように読書と関わり，そこから何が得られてきたのかを，振り返って考える機会は日常生活の中では，皆無に近いでしょう。本単元の学習で，その機会をもつことで読書との関わりが再認識できれば，それは，これからの本との関わり方にもつながっていきます。振り返りだけでなく，未来につながる視点で自分と本との関わりを認識させたいものです。

　　読書に親しむ生活ができることは，児童の生活を豊かにすることにつながります。また，普通，読書をする児童でも好きな分野が決まっているものです。自分が読んだことがない本には，興味を示さないことは自然であり，間違った態度というわけではありません。しかし，友達の読書について聞いたり，ブックトークで交流したりすることで，読書についての対話的な学びができることでしょう。それによって，新たな分野や知らなかった本に興味が広がることが期待できます。

知識 及び 技能	日常的に読書に親しみ，読書が，自分の考えを広げることに役立つことに気づいている。
思考力，判断力，表現力等	・「読むこと」において，文章を読んで理解したことに基づいて，自分の考えをまとめている。 ・「読むこと」において，文章を読んでまとめた意見や感想を共有し，自分の考えを広げている。
主体的に学習に取り組む態度	進んで読書が自分の考えを広げることに役立つことに気づき，これまでの学習をいかしてブックトークをしようとしている。

◎ 学習指導計画　　全5時間 ◎

次	時	学習活動	指導上の留意点
1	1	・本との関わりを振り返る。 ・学習の見通しをもつ。 ・本から知識や考えをどう深め，広げてきたか振り返り，話し合う。	・教科書の例を参考にして，本との関わりや，本から深め広げた事例を振り返らせる。
2	2	・これまでに読んだ本の中で印象深かった本を思い出し，その本のテーマについて考える。 ・ブックトークの例を確かめる。	・メモを活用して，印象深かった本の内容を思い出させる。 ・ブックトークの内容を確認しておき，これから本を読むときの参考視点とする。
	3	・「テーマと本の例」「本の世界を広げよう」を読んで話し合い，興味のある本を探す。 ・テーマを決め，読む本を選ぶ。 ・『星空を届けたい』を読み，要旨をつかむ。	・教科書記載のテーマや本の例を参考にして，選択範囲を広げた上で，ブックトークに向けてテーマを決め，読む本を選ばせる。 ・自分が選んだ本を読み始めるよう伝えておく。
	4	・『星空を届けたい』で心に残ったことと理由をワークシートに書き込み，発表する。 ・『星空を届けたい』のテーマを話し合う。 ・ブックトークの練習をする。	・『星空を届けたい』を具体例として，ブックトークでどのように本を紹介すればよいか，自分の考えを確かなものにしていく。
3	5	・ブックトークの内容をメモし，準備する。 ・ブックトークをする。 ・ブックトークをして思ったことを交流する。 ・学習を振り返る。	・これまでの学習をいかしてブックトークをする。 ・紹介する本を実際に手に取ったり，コピーや写真などで見せたりしながらブックトークをすると伝わりやすくなることを実感させる。

私と本／星空を届けたい

第 ① 時 (1/5)

板書例

③
本…知ったこと・考えたこと

どのように知識や考えを
深めたり広げたりしたか

《どのように…教科書の例から》
・本 → 同じテーマの本
・本 → インターネットで調べる
・本 → 生活に結び付ける

④
《どのように…自分》
☆グループで話す
・地球温暖化 → 海洋おせん、本
・信長 → 経済力、ネット
・有機さいばい → 植物工場

※児童の発表を
板書する。

POINT　本との関わりや，本から知識や考えをどう深めてきたかについて，教科書の例でイメージをもたせてから振り返らせる。

---

1 自分と本との関わりを振り返ろう。

T　教科書のリード文を読んでみましょう。どんなことを学習していくのですか。

C　自分と本との関わりについて考える。

C　3つの点から考えようと書いてある。

C　どんなときに，本を読みたくなるか。どこで，どんな本を読んでいるか。どのくらい本を読んでいるか。

T　その3つの点について，これまでどうでしたか。

　　アンケート **QR** を配り，回答を書き込みながら思い出して，グループで交流する。

> 図書館で『ハリーポッターと賢者の石』を読んだ。長い本だった。図書館はよく利用するよ。

> 読みたくなるというよりも，社会科や理科で調べものをするのに必要なので本を読んだよ。

> 本はたまにしか読まないな。マンガはよく読むけど…。

> 私は，毎月読みたい本を探して，読んでいるよ。

2 学習の見通しをもとう。

T　これからどのように学習を進めていくのか確かめましょう。

　　教科書 P84 の「見通しをもとう」を見て思ったことを話し合う。

> 本からどう考えを広げてきたか振り返る…難しいな。そんなことがあったかな？

> 印象深い本について話すことはできるかな。読んだ本を思い出さないとね。

> テーマに着目して複数の本を読む。教科書には『星空を届けたい』が載っている。星がテーマの話かな？

> 読んだ本をもとにブックトークをするんだ。ブックトークって何かな？

T　ブックトークとはどんなことをするのか，教科書で確かめましょう。

C　1つのテーマに沿って，何冊かの本を紹介します。

C　じゃあ，何冊か本を読まないといけないんだ。

準備物
・アンケート「自分と本との関わり」（児童数） QR

ICT　家庭で, 自分が今, いちばん興味のある本の表紙を撮影してきてもよい。漫画ももちろん認める。事前に教師がチェックしておくことも必要である。

私と本

め 本との関わりをふり返り、学習の見通しをもとう

① 《本との関わり》
・どんなとき
・どこで、どんな本
・どのくらい
　┐
　ふり返る（アンケート）

② 《学習の見通し》
① 本 → どう考えを広げたか
② 印象深い本 → 話し合う
③ 複数の本を読む → テーマに着目
④ ブックトーク

3　本から知識や考えを深めたり広げたりした例を知ろう。

T　本を読んで知ったことや考えたことから，どのように知識や考えを深めたり広げたりしましたか。
C　本を読んで知ったことはあるけど，知識や考えを深めたり広げたりしたかと言われても…困るよ。
T　どんなことを振り返ればよいのか，教科書で確かめてみましょう。

お金の本を読んでお金のことを考えるようになった。…自分の生活に結び付けることならあったかも…。

本を読んで気になることをインターネットで調べたことは，ぼくもあるよ。

同じテーマの別の本なら，読んだことがある。シリーズ物も読んでいるよ。

インターネットじゃなくても聞いたり調べたりできる。

T　どんなことか，大体イメージがわきましたか。
C　まあ，何とかなるかな…。

4　本からどのように知識や考えを深めたり広げたりしたか話し合おう。

T　では，本を読んで知ったことや考えたことから，みんなはどのように知識や考えを深めたり広げたりしていますか。振り返ってグループで話しましょう。

地球温暖化の本を読んだら，海洋汚染のことも調べたくなって，図書館で本を探した。

織田信長の本を読んで，どうしてあれだけ強くなれたのか知りたくなった。経済力のことが少し書いてあったのでインターネットで詳しく調べてみた。

5年の農業学習で有機栽培のことを本で調べたことがあった。いろいろな栽培方法で，次は植物工場についても調べてみた。

T　友達の話を聞いて，どう思いましたか。
C　気づかなかったけど，本で読んだことから深めたり広げたりしていることもあるのだなあと思った。

本時の目標　印象深い本を思い出し、そのテーマについて考え話し合うことができる。

板書例

③ 《印象深い本のテーマ》

○ 教科書の例
「友情」「国際理解」「共生社会」

○ 心に残った本
「平和」「勇気」「動物への愛情」　※

○ これから読んでみたい本
「環境問題」「友情」「国際理解」
「自然や生命」

（理由）
・世の中全体に関係することだから
・人と人とのつながりが大事だから
・自然や生命に関心をもつべき　※

④ 《ブックトークの例》

・初め　：テーマ、内容、冊数
・中　　：本のみりょくを伝える
・終わり…まとめ、本と自分との関わり

※児童の発表を板書する。

POINT　メモを活用して、印象深かった本の内容を思い出し、本のもっているテーマは何なのかを考える。先にブックトークの内容

1 印象深い本についての教科書の文例を読もう。

T　教科書86ページに、3人の印象深い本がそれぞれ紹介されていますね。何という本ですか。

C　『バッテリー』『風をつかまえたウィリアム』『チェンジ！』です。

　3つの作品についての3人の文を読み、どんなことが書いてあるかを確認する。

T　3人はそれぞれ、どんなことを言っていますか。

本の題名は3人とも言っていて、作者の名前を言っている人もいます。

作品のテーマについても言っています。

本の内容と、本から受けた影響なども言っています。

2 印象深かった本について思い出し、メモに書こう。

T　みなさんの、特に心に残っている本は何ですか。

C　『ナイチンゲール』がいちばん印象に残っている。

C　2冊ある。『ナルニア国物語』と『ハリーポッター』です。どちらもすごくよかった。

T　教科書に載っている3人の本の紹介を参考にして、印象に残っている本について、ワークシートに簡単にメモをしましょう。

　ワークシート「いちばん心に残っている本」 QR を配る。

まず、題名・作者を書いたらいいんだね。え〜と、作者は確か…。

SDGsについて興味があったので、この本にした。

斎藤敦夫さんの『冒険者たち』が印象に残っている。ドブネズミのガンバが…。

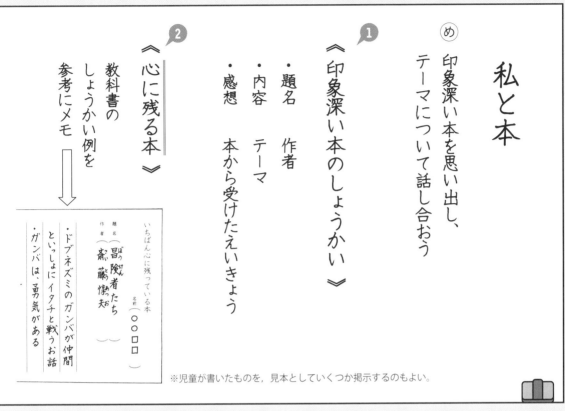

め　印象深い本を思い出し、テーマについて話し合おう

私と本

❶《印象深い本のしょうかい》

・題名　作者
・内容　テーマ
・感想　本から受けたえいきょう

❷《心に残る本》

教科書のしょうかい例を参考にメモ

いちばん心に残っている本　名前（○○□□）

題名　冒険者たち
作者　斎藤惇夫

・ドブネズミのガンバが仲間といっしょにイタチと戦うお話
・ガンバは、勇気がある

※児童が書いたものを、見本としていくつか掲示するのもよい。

を確認しておくことで、以後の読書の参考にする。

3　印象深かった本のテーマについて、話し合おう。

T　教科書の例で挙げられているテーマは何ですか。
C　「友情」「国際理解」「共生社会」です。
T　みんなの心に残っているテーマは何でしょう。
C　私の心に残っている本のテーマは「平和」です。
C　ぼくが読んだ本のテーマは「勇気」だと思う。
C　私の本のテーマは「動物への愛情」です。
T　<u>あなたは、どんなテーマの本をこれから読んでみたいと思いますか。理由もつけて、話し合いましょう。</u>

平和や環境問題など、世の中全体に関係のあるテーマの本が読みたい。

人と人とのつながりって大事だと思うから、そういうテーマがいい。「友情」「国際理解」とか。

生き物が生きる姿ってすごく感動する。「自然や生命」にもっと関心を持つべきだと思う。

4　教科書のブックトークの例を見て確かめよう。

T　これから本を読んで、最後にブックトークをしますね。ブックトークって、どんなことでしたか。
C　テーマに沿って、読んだ本を紹介します。
T　<u>どのように紹介するのか、教科書88ページの例で確かめましょう。</u>

「初め」「中」「終わり」に分けて、話すことをまとめておく。

「初め」でテーマを示す。どんな本を何冊紹介するかも言っている。

「中」で、1冊ずつ、本の魅力を伝える。短くまとめることが大事そうだね。

「終わり」はまとめ。自分と本との関わりも話せばいいんだ。

T　ブックトークの内容のイメージがわきましたか。
C　はい、大体どのように紹介するか分かりました。
T　これを頭に入れ、選んだ本を読んでいきましょう。

私と本／星空を届けたい

第3時（3/5）

板書例

段落	段落の内容	心に残ったこと
1	プラネタリウムに何か足りない。	
2	「プラネタリウム・ワークショップ」が生まれる。	
3	「星の語り部」番組の手作りなど	
4	星空の下で、俳句や音楽、特別な日の夜空を再現。	
5	目の見えない人にもプラネタリウムを体験してほしい。	
6	目の見えない人が星空や宇宙を知ることは難しい。	
7	目の見えない人は点字を使う。	
8	点字の点は星を表現できる。	
9	点図で星空をかいてみると、目が見えない仲間が増える。	
10	宇宙は「見えない世界」。同じように感じたり話し合える。	
11	視覚、嗅覚、触覚もするとくなる。	
12	「ユニバーサル絵本」を作る団体と出会う。	
13	ユニバーサル絵本は、目が見える人も見えない人も楽しめる。	
14	「ねえ、おそらのあれ、なあに？」という絵本を作る。	
15	絵本をもとにしたプラネタリウム番組を作る。	
16	だれもが楽しめる「ユニバーサルデザイン」の番組ができた。	
17	市瀬さんの詩	
18	想像の星空をながめて、温かい気持ちをもてるようになった市瀬さん。	

※ワークシートに各自で書かせた「段落の内容」を発表させて表にまとめ，全体共有する。

POINT 教科書記載のテーマや本の例を参考にして，選択範囲を広げた上で，ブックトークに向けてテーマを決め，読む本を選ぶ。

1 「テーマと本の例」を見て話し合おう。

T　教科書の87ページには，どんなテーマと本が紹介されているか見てみましょう。知っている本や興味のある本はありますか。

C　平和をテーマにした3冊の本が紹介されている。

C　『ヒロシマのいのち』は，原爆のことだと思う。

C　『武器より1冊の本をください』の表紙の人は知っているよ。マララさん。女性の権利のことなどを訴えている人です。この本を読んでみたい。

C　自然と生命，芸術をテーマにした本も3冊ずつ紹介してある。

C　『鳥のいる地球はすばらしい』は，どんな本かな？

> 「共生社会」というのは，誰もが認め合い，支え合いながら生きる社会のことなんだね。

> 「目が見えない人にプラネタリウムを届ける」って，どういうこと？

> 教科書に載っているから，読んでみたいね。

2 「本の世界を広げよう」を見て，読んだことのある本や，興味のある本を探そう。

T　教科書で，もう1か所，本が紹介されているところがあります。そこも見てみましょう。

　　教科書 P280-284「本の世界を広げよう」を見て話し合う。

C　すごくたくさんの本が紹介してある。

C　ぼくが読んだ本はあるかな…。

T　その中に，読んだことのある本，興味があって読んでみたい本はありますか。

> 私が読んだことがある本はない。『チバニアン誕生』に興味がある。お父さんの田舎が千葉だから。

> 『冒険者たち』は，読んだことがある。ガンバと仲間たちの活躍がすごくよかった。

> 『SDGsで見る現代の戦争』を読んでみたい。SDGsと戦争ってどう関係があるのかな？

> 『だれも知らない小さな国』を読んだことがある。友情とか，冒険をテーマにした本がいいね。

私と本

め テーマを決めて、読む本を複数選び、読み始めよう

① 《テーマと本の例》
「平和」「自然・生命」「芸術」「共生社会」

② 「本の世界を広げよう」
・興味のある本
・読んだことがある本

③ テーマを決める → 読む本を選ぶ（複数）
・図書室、市の図書館、家にある本
・本が見つからない → 別の本（テーマ）

④ ◇「星空を届けたい」を読んでみよう
☆ 印象深いところに線を引いておく

『星空を届けたい』と自分が選んだ本を読み始め，ブックトークの準備を進める。

3 テーマを決めて，読む本を複数選ぼう。

T　たくさんの本の紹介がありましたね。もう，ブックトークのテーマは決まりましたか。まだの人は，今決めましょう。隣の人と相談してもいいですよ。

ぼくは，テーマが決まらないので，教科書と同じ「共生社会」にしておくよ。

私は「環境」か「SDGs」。今，いちばん大切なことだと思うから。

T　テーマが決まったら，本を選びましょう。

読みたい本は学校の図書館で探すか，市の図書館などで探して来て，読み始める。（本が見つからない場合は，別の本を探すか，テーマを変えさせてもよい）

C　ぼくは『ヒロシマのいのち』と『そらいろ男爵』か『大人になれなかった弟たち』を読んでみたいな。

C　私は，『もう一つの屋久島から』と『クニマスは生きていた！』を探して読みます。本が見つからなければ，同じテーマの別の本を探すつもり。

4 『星空を届けたい』を読み，内容を確かめ合おう。

T　では，『星空を届けたい』を読んで，ブックトークの準備の手順を確かめ，後で練習もしてみましょう。

各自で教科書『星空を届けたい』を黙読する。

T　印象深いところを後で発表してもらいます。読みながら線を引いておきましょう。

目の見えない市瀬さんの「今夜ぼくは散歩に出る…」の詩に線を引いた。

「プラネタリウムという場所を公園のように…できないだろうか」に線を引こう。

ワークシート QR を配る。

T　まず，ワークシートに段落ごとに内容を簡単に書き出しましょう。ワークシートは次の時間も使います。

C　最初の段落は「プラネタリウムの内容，何か足りない」でいいかな。第2段落は…。

書けたら，18段落の内容を全体交流で確かめ合う。

本時の目標　『星空を届けたい』で，心に残ったことやテーマを話し合うことで，ブックトークのイメージを確かなものにして準備を整えることができる。

板書例

❹ 《ブックトークの練習「星空を届けたい」》

① 教科書の例を見る
　↓
② しょうかいすることを
　「初め」「中」「終わり」に分けてメモ
　↓
③ ブックトークをしてみる

❸ 《テーマ ＝ 共生社会》

○ 分かったこと・思ったこと
・共生社会のことがよく分かった
・いろんな人たちの「共生」
・本はいろいろなテーマで書かれている

☆ テーマの理解が大事

※児童の発表を板書する。

POINT　『星空を届けたい』という具体的な例を活用して，ブックトークでどのように本を紹介すればよいか，自分の考えを確かな

1 『星空を届けたい』で心に残ったことをワークシートに書き込もう。

前時に段落ごとの要旨を書いたワークシートに，心に残ったことと，その理由を書き込んでいく。

T　自分の心に残ったこととその理由を，書かれていた段落の下の欄に書きましょう。1つでなくてもいいですよ。2つ以上あれば全部書きましょう。

第5段落で，「目が見えない人にも…体験してもらいたいね」のところ。こんなことを思いついたのがすごいと思った。

ユニバーサルデザイン絵本で星空の絵本を作ったところが心に残っている。理由は…。

前時に教科書に線を引いたところを見直して，そこから選んでワークシートに書き込む。複数か所を書いてもよい。

C　書けたよ。3つも書いた！

2 心に残ったこととその理由を発表し合おう。

T　心に残ったことを，第1〜4段落の中で選んだ人から，理由と一緒に発表しましょう。

「星の語り部」の仲間が増えていったことが心に残りました。いろいろな人が楽しそうに活動して，よかったと思いました。

私は「プラネタリウム・ワークショップ」です。星を見ながら話したり遊んだりできたら素敵だなと思ったからです。

T　次は，第5〜11段落から選んだ人，理由と一緒に発表しましょう。

C　第9段落の「満天の星が…わあ。…共有できます。」を選びました。目の見えない人は，ものすごく感動しただろうと思ったからです。

　　第12〜18の段落も同様に発表する。

T　友達の発表を聞いて気づいたことはありますか。

C　□□さんと同じところだったけど，違う理由でした。そんな考え方もあるんだなと思いました。

準備物：・ワークシート（前時の続き）

ICT：ブックトークの練習の様子をタブレットで録画しておくと，後から見直し，改善点を考えることもできる。

私と本・星空を届けたい

め 「星空を届けたい」を読んで心に残ったことやテーマについて話し合おう

❶
❷

《心に残ったこと ↑ 理由》

・プラネタリウム・ワークショップ
（理由）星を見ながら話す → すてき

・星の語り部の仲間が増えた
（理由）楽しそうに活動 → よかった

・満天の星への感動の共有
（理由）目の見えない人には
　　　　ものすごい感動

※児童の発表を板書する。

ものにしていく。

3 『星空を届けたい』のテーマについて話し合おう。

T 『星空を届けたい』のテーマについて話し合いましょう。この本は何をテーマに書かれていますか。
C 「共生社会」がテーマです。
C 教科書に書いてあったね。「共生社会」の説明も。
T では，この本を読んで，テーマについて分かったことや思ったことなどを話し合いましょう。

「共生社会」って，教科書の説明ではよく分からなかったけど，この文章を読んでよく分かった。

目や耳だけでなく，お年寄りや小さな子どもまで，いろんな人たちの「共生」なんだ。

本って，今まで考えていなかったけど，いろいろなテーマで書かれているんだ。

T ブックトークでは，テーマの理解が大事になってきます。ここでの話し合いを参考にしましょう。

4 『星空を届けたい』で，ブックトークの練習をしよう。

T では，『星空を届けたい』1冊だけで，ブックトークの練習をしてみましょう。もう一度教科書88ページの例を見て，紹介することを「初め」「中」「終わり」に分けて，ノートにメモをしてみましょう。
　隣どうしで相談してもよいことにする。

「初め」は，プラネタリウムを目が見えない人などに届けた人の本です，でいいね。

「終わり」は，自分の考えなどを書くから，教科書とは違う中身になるね。

T ノートにメモができたら，それを基にしてブックトークをしましょう。
C 私は，「共生社会」というテーマで1冊の本を紹介します。どんなハンディがある人も…。
C …この本は『星空を届けたい』という題です。みなさんはプラネタリウムに行ったことが…。

本時の目標：自分で考えたテーマに沿ってブックトークをすることができ，学習を振り返ることができる。

板書例

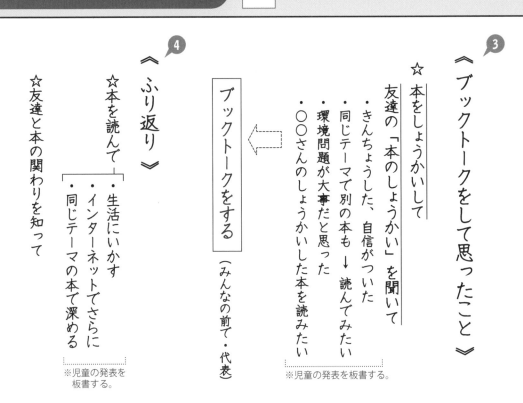

③ 《ブックトークをして思ったこと》

☆本をしょうかいして
友達の「本のしょうかい」を聞いて

・きんちょうした，自信がついた
・同じテーマで別の本も→読んでみたい
・*環境問題が大事だと思った*
・○○さんのしょうかいした本を読みたい

※児童の発表を板書する。

ブックトークをする（みんなの前で・代表）

④ 《ふり返り》

☆本を読んで
・生活にいかす
・インターネットでさらに
・同じテーマの本で深める

※児童の発表を板書する。

☆友達と本の関わりを知って

POINT 紹介する本を実際に手に取ったり，コピーや写真などで見せたりしながら，ブックトークすると伝わりやすくなる。

1 ブックトークの例を思い出し，話す内容のメモをノートに書こう。

T これまでに，教科書のブックトークの例や『星空を届けよう』を使った練習をしてきました。それを思い出して，ブックトークのやり方を確認しましょう。

「初め」でテーマを示し，「中」で本の魅力を伝え，「終わり」がまとめだったね。

「終わり」では，自分と本の関わりにも触れた方がよかったね。

「中」では，テーマと関係させて本の内容を紹介するのがいいね。

T それでは，ブックトークをするために，話す内容を「初め」「中」「終わり」に分けて，ノートにメモしておきましょう。

C これも一度練習したから，すぐにできそう。

C 「初め」は，「平和」という課題で2冊の本を…。

各自でブックトークのためのメモを書かせる。

2 ブックトークをしよう。

T ブックトークのときは，紹介する本を見せながら話すといいですね。見せたいページや絵などがあるときは，付箋紙やしおりを使って，すぐに開けるようにしておきましょう。

C 本はないけど，代わりにコピーを見せよう。

T 時間があるときは，内容に関するクイズを出してもいいですよ。

C クイズが面白そうだな。

ブックトークはグループで全員が順次行う。1人終わるごとに感想を言ったり質問をしたりするのもよい。

ぼくは，「科学読み物」というテーマで，3冊の本を紹介します。…

3冊の中でも，一番のおすすめはどの本ですか。それはなぜですか。

どの本も読んだことがないものばかりだな。面白そう…。

準備物
・付箋やしおり（必要に応じて）
・クイズ用紙（必要に応じて）

ICT
遠隔会議機能を使えば，遠く離れた学校ともブックトークができる。オンライン授業で参加している児童にも，しっかりと活動させたい。

め　これまでの学習をいかして、ブックトークをしよう

私と本

❶ 《ブックトーク》
○　準備
・「初め」「中」「終わり」に分けて　メモ
・自分と本との関わりにふれる

❷
○　本をしょうかいするとき
・本を見せながら話す
・ふせんや　しおり　→　見せたいページ
・クイズも

ブックトークをする　←　（グループで・全員）

---

3 ブックトークをして思ったことを交流しよう。

T　ブックトークで友達に本を紹介してどう思いましたか。また，友達の本の紹介を聞いて，どんなことを思いましたか。

緊張したけど，うまく話せてよかったと思います。少し自信がつきました。

私と同じテーマで，別の本を選んだ人もあった。その本も読んでみたい。

「環境問題」は，今すごく大事なことだと思いました。

○○さんが面白いと紹介してくれた本を読みたくなりました。

　ここで，評判のよかった児童，またはグループでのブックトークで教師が見定めておいた児童に，もう一度みんなの前でブックトーク発表をさせてもよい。

4 学習を振り返ろう。

T　教科書88ページの「読書に親しむために」を読みましょう。あなたは，これから，どのように本と関わっていきたいと思いますか。

本で読んだことを自分の生活にいろいろといかしていきたい。

本の内容をインターネットで調べたら，もっと多くのことが分かるから積極的に調べたい。

同じテーマの本を読んでも考えが広げられるから，私はその方がいい。

T　友達のブックトークを聞いて友達と本との関わり方も知ることができましたね。
C　それがすごくよかったと思います。自分と本の関わりを見直すことができました。
C　ちょっと，本のよさを見直しました。

ワークシート　私と本

アンケート　　　　　　　　　名前（　　　　　　　）

● 自分と本の関わりについて考えましょう。
　※あてはまる［　］の中に○を、それ以外のことは（　）の中に書きましょう。

(1) どんなとき、本を読みたくなりますか。
　［　］知りたいことがあったとき
　［　］楽しみたいとき
　［　］学びたいとき
　［　］ひまなとき
　（　　　　　　　　　　　）

(2) どのくらい本を読んでいますか。
　［　］月に一冊くらい
　［　］週に一冊くらい
　（　　　　　　　　　　　）

(3) どんな読み方をしていますか。
　［　］じっくり
　［　］ぱらぱらと
　［　］くり返して
　［　］必要なところだけ
　（　　　　　　　　　　　）

(4) どこで本を読んでいますか。
　［　］学校で
　［　］自宅で
　［　］バスや電車の中で
　［　］公園で
　［　］図書館で
　（　　　　　　　　　　　）

(5) 読むと、自分にどんな変化が起きますか。
　［　］新しい知識を得られる
　［　］楽しい気持ちになる
　［　］何も変わらない
　（　　　　　　　　　　　）

(6) どんな本が好きですか。
　［　］写真や絵がきれいな本
　［　］文字だけの本
　［　］事実にもとづいて書かれた話
　　　　（ノンフィクション）
　［　］物語　　　［　］科学読み物
　［　］伝記　　　［　］推理小説
　［　］まんが　　［　］SF小説
　［　］詩集　　　［　］歴史物
　［　］動物記
　（　　　　　　　　　　　）

(7) これから読みたい本はどんな本ですか。
　［　］環境問題のことが分かる本
　［　］職人のドキュメンタリー
　［　］海外のファンタジー
　（　　　　　　　　　　　）

喜楽研

ワークシート　私と本／星空を届けたい

「星空を届けたい」を読んで、心に残ったこと　　　名前（　　　　　　　　　　　）

段落	段落の内容	心に残ったこと	心に残った理由
1			
2			
3			
4			
5			
6			
7			
8			
9			
10			
11			
12			
13			
14			
15			
16			
17			
18			

光村図書

せんねん まんねん／名づけられた葉

全授業時間 2 時間

◎ 指導目標 ◎

・比喩や反復などの表現の工夫に気づくことができる。
・詩を読んで理解したことに基づいて，自分の考えをまとめることができる。

◎ 指導にあたって ◎

① 教材について

　「詩を味わおう」という単元です。「味わう」とはどういうことでしょうか。「味わう」というのは，一読して分かるということとは異なり，言葉について深く考え，何度も吟味することで，今まで見えなかった新しい経験をすることです。

　『せんねんまんねん』という題を聞いて思い浮かぶことは，時間の長さです。詩を読んでみると，時間の長さがたくさん出てきます。今，目の前で起きた出来事。そのことによってうまれる次の出来事。また次と時系列で進んでいくうちに，そのもののこれまでの時間に目が向いていくのです。過去からどうつながっていたのか。そもそもそこにある，ヤシのみ，ミミズ，ヘビ，ワニ，川，清水。それらが存在する前はどうだったのか，どうつながってきたのか。そもそも人も存在しない時代にはどうだったのだろう。読み進めていくたびに，どんどん時間の流れがふくらんでいく，そんな詩です。「せんねんまんねん」という時間も，あるものから見れば長く，また違うものから見れば短いのです。直接書かれていない時間を想像しながら，あらゆるもののつながりを想像して出し合う，教室でみんなで読むことでどんどんイメージをふくらませていきたい詩です。

　『名づけられた葉』は，第1連ではポプラの葉について書かれていますが，題名の『名づけられた葉』は第2連以降に登場する「わたし」を意味します。この「わたし」は〈ポプラの葉〉と違い，自分だけの名を持っている。だから自分自身で考え，自分らしく精一杯に生きなければならないと「わたし」は決意しています。詩の中には多くの比喩表現が用いられ，〈ポプラの葉〉と「わたし」を対比する構造になっています。その対比を押さえつつ読み取って「わたし」の決意を読み取らせたい詩です。

② 個別最適な学び・協働的な学びのために

　聞いて思うこと，声に出して読んでみて思うこと，文字を見つめて思うこと，書かれていないことに思いをはせて想像すること，たくさんの「味わう」を授業の中でおこないたいものです。

　詩は自由な解釈ができます。最初に読んでどのような印象を受けたか。あるいは，学習を終えて自分はどう考えるか，など自分の考えを自由に出せる時間をどこかで保障して，教室のなかまの多様な考えに出会わせましょう。

◎ 評価規準 ◎

知識 及び 技能	比喩や反復などの表現の工夫に気づいている。
思考力, 判断力, 表現力等	「読むこと」において, 詩を読んで理解したことに基づいて, 自分の考えをまとめている。
主体的に学習に取り組む態度	積極的に表現の工夫に気づき, これまでの学習をいかして考えたことを伝え合おうとしている。

◎ 学習指導計画　　全 2 時間 ◎

次	時	学習活動	指導上の留意点
1	1	・『せんねんまんねん』を音読し, 感想を出し合う。 ・くり返されている言葉に着目して読み取る。 ・『せんねんまんねん』という題名の意味を考える。	・くり返しの部分を先に読むことで, くり返し以外の部分に注目させる。
2	2	・『名づけられた葉』を音読する。 ・第一連を読み取る。 ・第二連を読み取る。 ・第三連を読み取る。 ・『名づけられた葉』という題名に込められた意味を考える。	・比喩表現を用いて〈ポプラの葉〉と「わたし」を対比させている点に注目させる。

せんねん　まんねん

第①時（1/2）

本時の目標：くり返しの表現に着目し，題名に込められた意味を考えることができる。

板書例

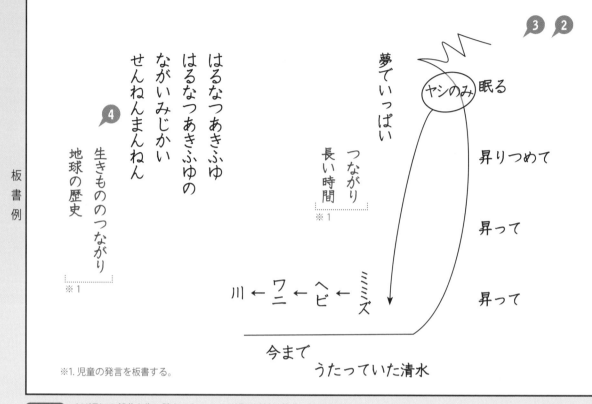

③ ②

夢でいっぱい　眠る

ヤシのみ

昇りつめて

つながり
長い時間
※1

昇って

昇って

川 ← ワニ ← ヘビ ← ミミズ

今まで
うたっていた清水

④
生きもののつながり
※1

地球の歴史

はるなつあきふゆ
はるなつあきふゆの
ながいみじかい
せんねんまんねん

※1. 児童の発言を板書する。

POINT くり返しの部分を先に読むことで，くり返し以外の部分に注目させたい。

---

1 『せんねん　まんねん』を読んだ感想を出し合おう。

詩を読む前に題名だけ提示する。

T　これから『せんねん　まんねん』という詩を読みます。題名を聞いてどう思いましたか。

C　とても長い時間。

C　千年も万年も人間には体験できないくらいの長さだと思った。

『せんねん　まんねん』を音読する。

T　読んでどう思ったか感想を出し合いましょう。

> ワニを川がのむっていう言い方がおもしろい。

> せんねんまんねんの「ながいみじかい」のみじかいってどういうことだろう？

> つながりがおもしろい。

児童が表現に目を向けて読むためにも，まずは自分で読んだことを言葉にすることを保障したい。

2 くり返されている言葉に着目しよう。

T　この詩の特徴は何だと思いますか。

> 同じことを言っています。

> くり返しの言葉があります。

T　では，くり返しの部分を読んで思ったことを出し合いましょう。

C　ミミズからだんだん大きくなっていく。

C　「いつかのっぽの…」って未来のことから始まっている。

C　ヤシのみは「のっぽのヤシの木になるために」落ちるけど，他のものはただただ食べられるだけ。

C　生き物はつながっている。

C　地響きが起きるぐらいだから，ヤシの実には水がたくさんたくさんたくわえられていると思う。

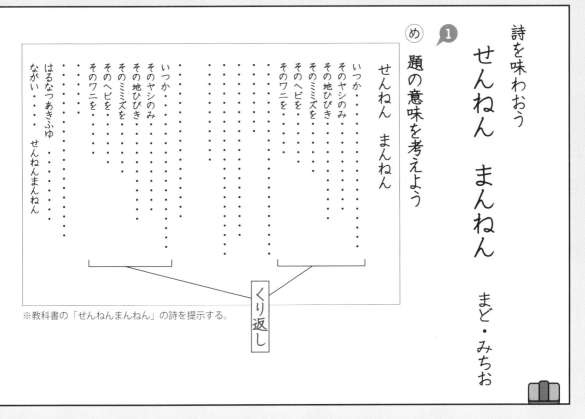

詩を味わおう

① せんねん まんねん　まど・みちお

め 題の意味を考えよう

せんねん　まんねん

いつか・・・
そのヤシのみ・・・
その地ひびき・・・
そのミミズを・・・
そのヘビを・・・
そのワニを・・・
そのワニを・・・

いつか・・・
そのヤシのみ・・・
その地ひびき・・・
そのミミズを・・・
そのヘビを・・・
そのワニを・・・

はるなつあきふゆ・・・
ながい・・・
せんねんまんねん

くり返し

※教科書の「せんねんまんねん」の詩を提示する。

3 くり返されている言葉の前後に着目しよう。

T　では，くり返しではない部分を読んで考えましょう。
C　「眠りが夢でいっぱいになる」とあるから，長い時間かけてヤシの実の中に水がたくわえられている。
C　「土の中でうたっていた清水」も，長い時間土の中にいた。ただいただけでなく，「うたっていた」だから満喫しているみたい。
C　「昇って昇って昇りつめて」は大変そう。水が上がっていくのも時間をかけていっている感じがする。
C　人がやって来なかった頃から，ずっとこういうつながりがあったってこと。
C　そういうつながりが長い時間ずっとずっと地球上でくり返されている。
C　でも「みじかい」ってあるよ。
T　「みじかい」についてどう思いますか。

人間からすると長いけど，地球から考えたら短いのかも。

4 『せんねん　まんねん』という題名の意味を考えよう。

T　『せんねん　まんねん』という題名の意味をノートにまとめましょう。

自分が生きるずっと前から，生き物のつながりが長い間ずっとずっとあった。

自分もそういうつながりの先に生きているのかな。

T　ノートに書いたことを発表しましょう。
C　今見えているものも，長い時間かけてここにいるから『せんねん　まんねん』だと思う。
C　地球の長い歴史を想像してみた。

各自の考えを全体で交流し，音読する。

本時の目標　比喩表現を理解し，題名に込められた意味を読み取ることができる。

板書例

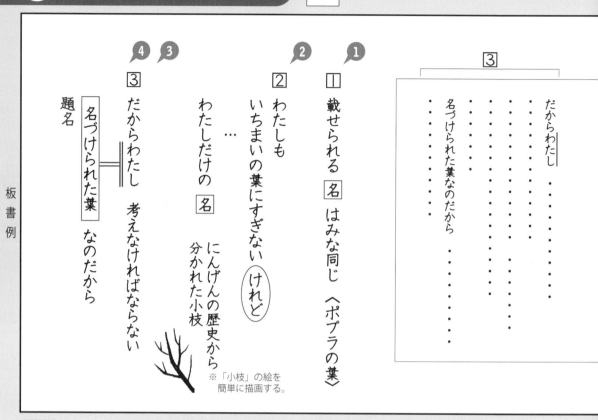

③

だからわたし・・・・・・
名づけられた葉なのだから
・・・・・・・・・・・・
・・・・・・・・・・・・
・・・・・・・・・・・・
・・・・・・・・・・・・

④ ③
③
だからわたし　考えなければならない

題名　|名づけられた葉|　なのだから

② ②
わたしも
いちまいの葉にすぎない（けれど）
…
わたしだけの　|名|
にんげんの歴史から
分かれた小枝

※「小枝」の絵を簡単に描画する。

② ①
① |1|
載せられる　|名|　はみな同じ　〈ポプラの葉〉

POINT　「～ても」「けれど」という逆説に注目させ，何と何が反対なのかを考えさせる。そうすることで順接の「だから」も

1 詩を音読し，「～ても」に注目して，第1連を読み取ろう。

『名づけられた葉』の詩を音読する。

T　第1連にある，「いっしんにひらひらさせても」の「～ても」はどんなときに使いますか。

ゲームしてもいい。

走っても間に合わなかった。

雨が降ってもやる。

T　いいですね。そんなふうに，この「～ても」は前と後ろで反対のことを言うときに使います。この第1連ではどうでしょう。
C　「いっしんにひらひらさせても…載せられる名はみな同じ」とある。つまり，がんばっているのに，みんなと同じ名前。
C　どの葉っぱも〈ポプラの葉〉っていう名前でしかない，ということかな。

2 「けれど」に注目して，第2連を読み取ろう。

T　第2連では2行目に「けれど」が使われています。これも前と後ろで反対のことを言うときに使います。この第2連ではどうでしょう。

「わたし」もいちまいの葉だけど，自分だけの名前がある。

「わたし」は，にんげんの歴史の中のたった1人だけど，自分だけの名前がある。

「にんげんの歴史の幹から分かれた小枝」という表現をイメージしやすいように簡単な絵を板書するとよい。

T　この第2連を，第1連と比べると，どんなことが分かりますか。
C　ポプラの葉は名前がみな同じだけど，にんげんは違うことが分かります。

準備物	・ポプラの葉の画像 ※児童への参照用にインターネットより用意し 　ておく。

ICT	最後に、ペアや班で音読を工夫しながら行い、 タブレットに録音しておく。録音した音読を、家庭 で保護者に聞いてもらうとよい。

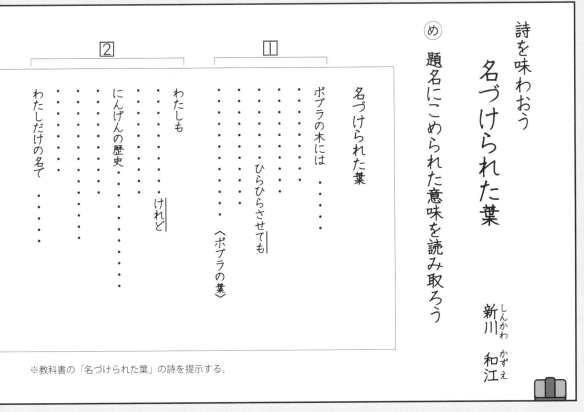

詩を味わおう

名づけられた葉

新川　和江
（しんかわ　かずえ）

め　題名にこめられた意味を読み取ろう

名づけられた葉

① ポプラの木には
　・・・・・・
　・・・・・・
　・・・・・・ ひらひらさせても
　・・・・・・
　・・・・・・
　〈ポプラの葉〉
　わたしも
　・・・・・・・・・・・
　・・・・・・・・・・ けれど

② にんげんの歴史・・・・
　・・・・・・・・・・
　・・・・・・・・・・
　・・・・・・・・・・
　わたしだけの名で　・・・・・

※教科書の「名づけられた葉」の詩を提示する。

際立ってくる。

3 「だから」に注目して、第3連を読み取ろう。

T　第3連は「だから」から始まっています。この「だから」にはどんな意味があるでしょうか。
C　前と後ろが逆になっていません。
C　前後がつながっています。
T　第3連を「○○だから〜」で表してみましょう。
C　名づけられた葉だから考えなければならない。
T　考えなければならないと言われているのは、だれですか。

名づけられた葉です。　「わたし」です。

T　「だからわたし」の下が空いていますね。ここに何か文字を入れるとしたらどんな文字がいいですか。
C　「は」「が」など入れたらいい。
　　「わたし」が主語であることを押さえればよい。

4 題名に込められた意味を考えよう。

T　題名は『名づけられた葉』です。名づけられた葉とは何のことでしょう。
C　「わたし」のことです。
T　それでは、この詩はどうして『名づけられた葉』という題名がついているのでしょうか。題名に込められた意味をノートに書いてみましょう。

「わたし」じゃなくて「名づけられた葉」の意味は…。

第3連に「名づけられた葉なのだから」という部分があったね。

T　ノートに書いたことを発表しましょう。

　各自で考えて書いたことを全体で交流し、音読する。

せんねん　まんねん／名づけられた葉　155

対話の練習

いちばん大事なものは

◎ 指導目標 ◎

・原因と結果など情報と情報との関係について理解することができる。
・互いの立場や意図を明確にしながら計画的に話し合い，考えを広げたりまとめたりすることができる。

◎ 指導にあたって ◎

① 教材について

　　身近な課題に取り組み，対話することの価値を実感することで，日常生活にいきるコミュニケーション能力を伸ばす「話す・聞く」活動の教材です。この単元では，「これからの生活で，どんなものや考え方を大切にしていきたいか」をテーマにしています。それぞれが考えたことを書き，他の人と思いや考えを交流することで，自分の考えを広げたり，深めたり，新しい視点を見つけたりします。その中で，人によって考え方が違うことを確かめ，その人がなぜそのように考えるのか，理由や背景を理解することを目指します。難しいテーマでも，立場の違う多くの人と意見を交流することで，自分なりに納得できる考えが見つけられるとよいでしょう。

② 個別最適な学び・協働的な学びのために

　　自分の考えを書くとき，まずは箇条書きで書かせます。そして，必要なことは何か，自分が何を大切にしたいと思っているか，順位づけをさせます。そうすることで，児童は，自分がいちばん言いたいこと，伝えたいことを絞っていくことができるでしょう。それでも，テーマが分かりにくい，具体的でない場合はなかなか書けない児童もいます。その場合は今までの学校生活，行事を振り返らせます。そのとき自分がどのような気持ちで取り組んだのかを思い出し，書き出すきっかけとなるでしょう。

　　友達との考えを交流する活動として，ここでは，三人一組でメンバーを入れ替えながら多くの友達と対話をくり返します。くり返す中で，前のグループで出てきた話も共有し，より多くの考えや意見に触れる活動とします。

知識 及び 技能	原因と結果など情報と情報との関係について理解している。
思考力，判断力，表現力等	「話すこと・聞くこと」において，互いの立場や意図を明確にしながら計画的に話し合い，考えを広げたりまとめたりしている。
主体的に学習に取り組む態度	積極的に考えを広げ，学習課題に沿って考えを尋ね合おうとしている。

◎ 学習指導計画　全2時間 ◎

次	時	学習活動	指導上の留意点
1	1	・これまでの活動を振り返り，自分の気持ちを思い出す。 ・これからの生活の中で，どんなことを大切にしていきたいか，自分の考えを書く。 ・ペアになって，自分の考えを伝え合う。	・まずは学校行事を思い出し，そこで自分がどのような気持ちで取り組んだのかを出し合わせる。 ・これまでの活動で振り返ったことや教科書の例を参考に考えさせる。
	2	・三人一組のグループを作り，考えを聞き合い，考えた理由や質問，感想を伝え合う。 ・二度メンバーを入れ替えて，同様に互いの考えを聞き合い，質問し合う。 ・最後に初めのグループに戻って，交流したことから自分の考えがより広がったり深まったりしたことを確かめ合う。 ・最終的な自分の考えをまとめて書き，書いたものを読み合う。 ・学習を振り返る。	・グループで交流する際には，友達の意見や感想をメモにとらせる。 ・グループ交流の際の「あいさつ」や「聞き方」についても指導する。 ・自分の考えを書き足したり，直したりさせる。 ・「いちばん大事なもの」についてのお互いの考えや，対話の意義について確かめ合わせる。

いちばん大事なものは

第❶時（1/2）

板書例

❸
そのとき大事にしたのは

・絶対に成功させよう
・みんなといっしょに作ろう
・プラス思考でがんばろう
・楽しもう
・笑顔で取り組もう
※1

◇これから大切にしたいものや考え方について考えよう

① 自分の考えをノートに書く
・何事にもプラス思考で取り組むこと
・笑顔でやりきること
・最後まで投げ出さない
・仲間を大事にしていきたい
※1

❹
② ペアで伝え合う
　　← 質問し合う

POINT　いきなり大事にしていきたいことを書く，というのは難しい。過去の行事の中で自分が大事にしてきたものや考えを出し

1　これまでの行事や活動を振り返り，どのような気持ちで取り組んだか考えてみよう。

T　6年生になってからこれまでの活動の中で，どのようなことがありましたか。

私は音楽会がとても印象に残っています。

ぼくは運動会。組体操の練習が大変だったから覚えているよ。

ここで意見を多く発表させることが次につながる。できるだけたくさん出し合わせたい。ここでいう活動とは，大きな行事だけでなく，「1年生との交流」や「委員会活動」などの常時活動もあわせて小さなことも出し合わせる。

T　こんなにたくさん活動が出てきました。いろいろ頑張ってきたことがありましたね。では，そのとき，みなさんはどんな気持ちで，どんなことを大事だと考えて取り組みましたか。そのときの気持ちを思い出してみましょう。

簡単にノートに書かせてもよい。

2　これまでの活動の中で，大事にしてきたものや考え方について発表しよう。

T　どんな気持ちで，どんなことを大事に思って取り組んだか発表してください。

音楽会でみんなと音を合わせようと意識しました。

授業で毎回絶対一回は発表しようと自分で決めてやっていました。

遠足でグループ活動をしたとき，班長だったから，みんなをまとめようと思って頑張ったよ。

私は，委員会活動。6年生になって体育委員になったけれど，下の学年との活動でまとめ役を頑張ってやりました。

今まで大事にしてきたものや考え方について，できるだけ多く出し合わせる。

T　今まで取り組んできた活動の中で，それぞれ頑張ったこと，大事にしてきたことがありましたね。

<table>
<tr><td>準備物</td><td>・6年生になってからの, 学校行事など校内・校外学習活動の写真や, 作文など</td></tr>
<tr><td>ICT</td><td>これまでの行事や学級での活動の様子の写真や動画を用意しておき, タブレットで全体提示や共有しながら話し合わせるとよい。</td></tr>
</table>

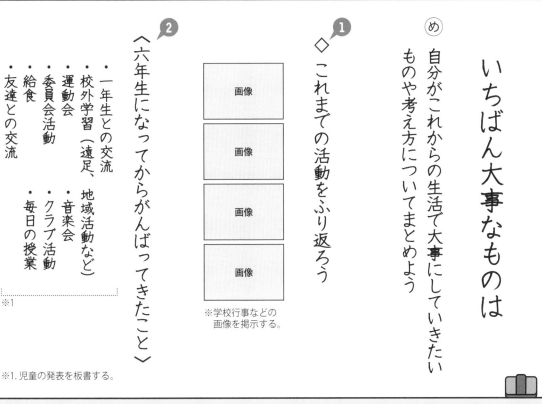

め　いちばん大事なものは

自分がこれからの生活で大事にしていきたいものや考え方についてまとめよう

① ◇ これまでの活動をふり返ろう

※学校行事などの画像を掲示する。

②〈六年生になってからがんばってきたこと〉

・一年生との交流
・校外学習（遠足, 地域活動など）
・運動会
・音楽会
・委員会活動
・クラブ活動
・給食
・毎日の授業
・友達との交流

※1

※1. 児童の発表を板書する。

合い, ノートにまとめていくことから始めるとよい。

3 これから大事にしていきたいものや考え方について書こう。

T　これからの生活で, みなさんは, どんなものや考え方を大切にしていきたいと考えているでしょうか。
教科書 P102 を開いて読み, 課題を確認する。

T　自分の考えをノートに書きましょう。

何を書けばよいのか分からない児童には, 教科書の子どもの発言や, 今までの活動で頑張ったこと, 大事にしてきたことをヒントに考えさせる。

ぼくはサッカーかな。ずっとやっているし, 大好きだから。

私はやっぱり友達かな。一緒にいると楽しいし, 悲しいときやさびしいときに助けてくれる大事な存在…。

早く書けた何人かに見本として発表させてもよい。

4 友達と伝え合い, 考えを深めよう。

T　では, 書いたことを隣の人と伝え合いましょう。聞きたいことがあれば質問しましょう。

ぼくは野球が好きだからずっと大事にしていきたいよ。

野球の中でも, 特に大切にしたいことは何かある？

道具も大事だけれど, 野球チームのメンバーが…。

書いたことを出し合い, 互いに質問し合わせる。尋ね合うことで, 大事なことや考え方についてより深めさせる。

T　そのために大事なことを質問したり, アドバイスしたりするといいですね。

C　笑顔で過ごすことが大切だと思う。そのためにはどうしたらいいかな。

C　どんなときも, プラス思考で考えるようにしていったらいいんじゃないのかな。

交流後, 考えに変化があれば書き留めておかせる。

いちばん大事なものは

第2時（2/2）

板書例

☆　話し合い活動のすばらしさ、よさ

＝

立場や考えのちがう多くの人の意見を聞く
↓
見つかることも
自分なりになっとくできる考えが

←

〈交流した感想〉

・理由の深ぼりで、友達の考えが理解できた
・アドバイスがとても役に立った
・質問されたことで、より考えが深まった
・自分の考えが浅かったのが分かった

※児童の発表を板書する。

④　書いたものを見せ合う

③　他の人と意見を交流して、変わったり深まったりした自分の考えをノートにまとめる

POINT　前時に書いておいた考えを友達と交流し，そこで得た意見や感想をふまえ，自分の考えをより深めさせたい。できるだけ

1　課題を知り，前回まとめた「大事にしているもの」を読み返そう。

T　前時に書いたものを，何人かに発表してもらいます。

　　教師はそれぞれの考えを読んでおき，何人かに発表させ，本時のめあてにつなげる。

T　今日は前回みんなが書いたそれぞれの考えを，グループごとに意見交流します。そしてその意見から自分の考えをより深めていきます。

T　前回まとめた自分の考えを，もう一度読み返してみましょう。

○○さんの発表を聞いて思いついたことを，少し付け足しておこう。

　　前時の最後に少し交流してみた経験をいかし，今回はさらにレベルアップさせていくことを伝えて，児童に興味・関心をもたせる。

2　大事にしてきたものや考え方についてグループごとに交流しよう。

　　教科書 P103 ②を読み，進め方を確かめて交流する。
① 三人一組のグループを作り，互いに考えを聞き合う。その際，聞いている二人は発表者に対し，理由や質問，感想を必ず言うようにする。全員が考えを伝える。
② メンバーを入れ替えて別グループをつくり，同様にくり返す。このとき，前のグループでの対話内容を共有する。
③ 最後に，初めのグループに戻って振り返る。

T　互いに考えを聞き合う中で「いいな」と思った意見や感想はメモするようにしましょう。

ぼくは，何事も前向きにプラス思考で取り組むことを…

私が大事にしていきたいのは，笑顔です。いつも笑顔でいれば，楽しいと思います。

　　意見交流の際は「よろしくお願いします」「ありがとうございました」の言葉を必ず言い合うようにさせる。

ICT できるだけ多くの人と意見を交流するときには，自分の意見を書いたノートやタブレットのシートをあらかじめ全体で共有しておくとスムーズに交流できる。

いちばん大事なものは

め 意見を交流して、自分の考えを深めよう

❶ 〈学習の進め方〉

① 自分の考えを確認する

② 意見をグループで交流しながら　互いに質問したり、理由を聞いたりして　考えをより深める

❷
① 三人一組で聞き合う
② メンバーを入れかえて　別のグループで聞き合う　←（②を二回くり返す）
③ 最後に、初めのグループでふり返る

多くの人と意見交流させるとよい。

3 友達と交流して，変わったり深まったりした考えをノートにまとめよう。

T たくさんの友達と交流できましたね。交流して，変わったり深まったりした自分の考えがあれば，ノートに書き直したり，書き足したりしましょう。

T 特に，この言葉で自分の考えが変わったり，深まったりしたというものがありましたか。

ぼくは，伊藤さんが言ってくれた，「その夢に近づくために必要なことはなんですか」という質問がいちばん心に残りました。ぼくはそこまで考えていなかったから…。

　自分の考えを聞いた友達からの質問や感想などを，箇条書きで書かせ，その中でも特に心に残った言葉を考えさせるとよい。「その友達の言葉から自分の考えがどう変わったのか」に観点を絞ってまとめさせる。

4 書いたものを見せ合い，感想を交流しよう。

T では，書いたことを見せ合いましょう。

ぼくは山本くんの質問がいちばんドキッとして心に残りました。…

確かにその言葉はドキッとするね。

　自分が書いたことをペアやグループで交流することでさらに考えを深めさせる。その後，全体で発表させ，みんなで共有していくのもよい。

T 友達の考え方を聞いて，自分の考えにいかせましたか。

C 質問されたことで，より考えが深まりました。

C アドバイスがとても役に立ちました。

T 難しい話題でも，立場や考え方の違う多くの人の意見を聞くことで，自分なりに納得できる考えが見つかることがあります。そういう話し合い活動をこれからも増やしていきましょう。

インターネットでニュースを読もう

全授業時間 3 時間

◎ 指導目標 ◎

・目的に応じて，文章と図表などを結び付けるなどして必要な情報を見つけることができる。
・文章の構成や展開，文章の種類とその特徴について理解することができる。
・文章を読んで理解したことに基づいて，自分の考えをまとめることができる。

◎ 指導にあたって ◎

① 教材について

　　情報を取り入れる方法は，多岐にわたっています。新聞やテレビ，ラジオ，本だけでなく，パソコンやスマホなどのインターネットからも情報を受け取ることができます。しかし，それらの情報が全て正しいとは限りません。新聞やテレビ，ラジオは信頼性が高いですが，インターネットは信頼性が格段に下がります。なぜなら，誰でも自由に書いてウェブサイトに載せることができるからです。また，インターネットのニュースサイトはいろいろな会社や個人が運営しています。「正しい情報」よりも，「情報を他の会社よりも速く」「おもしろい情報を」ということに主眼を置いています。そのような特徴を理解しながら，正しい情報をインターネットから「読む」力を付けることができる単元です。

② 個別最適な学び・協働的な学びのために

　　児童の家庭では，新聞を取っていない家庭もあるでしょう。実際に新聞から情報を読み取るときは，児童が読みやすい記事を印刷して渡しておくとよいでしょう。最近では，新聞自体を読んだことのない児童も多くなってきています。そして，スマホを所有せず，情報検索をあまりしたことのない児童もいます。デジタル機器が普及はしていますが，今は，アナログやデジタルが混在していると思ってよいでしょう。まずは，児童1人1人の情報の入手の仕方を把握し，どの程度，活用できるのかを知ることから始めましょう。

　　1人1台のタブレットなどが支給されているのであれば，インターネットを使って検索する体験を何度もさせます。その体験から，困ったことを話し合っていくと理解が深まります。

　　学習したことをいかして，インターネットで検索する時間も十分に確保しましょう。まずは，児童が興味のあることを，どこまで調べられるか試してみてもよいでしょう。その内容を，検索した以外のサイトや新聞や本などの情報と比較して，「どちらが正しいのか」を話し合ってもよいでしょう。

◎ 評価規準 ◎

知識 及び 技能	文章の構成や展開，文章の種類とその特徴について理解している。
思考力，判断力，表現力等	・「読むこと」において，目的に応じて，文章と図表などを結び付けるなどして必要な情報を見つけている。 ・「読むこと」において，文章を読んで理解したことに基づいて，自分の考えをまとめている。
主体的に学習に取り組む態度	進んでニュースサイトの特徴を理解し，これまでの学習をいかしてニュースサイトと新聞を比較して読もうとしている。

◎ 学習指導計画　　全 3 時間 ◎

次	時	学習活動	指導上の留意点
1	1・2・3	・学習内容を理解する。 ・ニュースサイトのトップページの特徴を知る。 ・教科書 P106 のニュースサイトと新聞記事を比べる。 ・学習したことをいかして検索をする。	・日常生活で，デジタル機器からいろいろな情報を取り入れていることを感じさせる。 ・デジタルとアナログを意識して比較させる。 ・検索をする時間は，しっかりと確保する。

<table>
<tr><td>本時の目標</td><td>目的に応じて，インターネットを使って，必要な情報を適切に選択，活用することができる。</td></tr>
</table>

板書例

③

教科書 P105「トップページの例」，または教科書 P106「岩木さんが見つけた，ニュースサイトの記事」

※教科書 P105，または P106 を活動に合わせてタブレットで共有したり，全体提示をしたりする。

④

◇ニュースサイトを使って調べよう

・化石を発見した人は？
・最近、他にも新種の恐竜の化石が見つかったニュースは？

☆どのように記事を探せばよいか

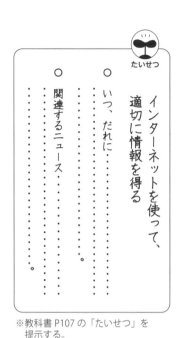
たいせつ

インターネットを使って、適切に情報を得る

○いつ、だれに・・・・・・・

○関連するニュース・・・・・・

※教科書 P107 の「たいせつ」を提示する。

POINT　3時間単元であるので，急いで学習を進めるのではなく，じっくりと進めたい。特に，展開3の記事を比較する活動では，

1 ニュースサイトや読み方の活用の仕方について学習することを理解しよう。

T　ニュースや情報を知るためには，どのような方法がありますか。

毎朝新聞が届くよ。

テレビでも知ることができるね。

スマホやパソコンでも知ることができるね。

車でおじいちゃんがラジオを聞いているよ。

T　スマホやインターネットでのニュースのサイトを，「ニュースサイト」と言います。
　　教科書 P105 をもとに，ニュースサイトの概要を確認する。
C　見たことあるよ。
C　いろいろなサイトがあるんだね。
T　ニュースサイトのトップページについて詳しく見ていきましょう。

2 ニュースサイトのトップページの特徴を知ろう。

T　教科書 105 ページを詳しく見ながら，ニュースサイトのトップページの特徴を話し合いましょう。
　　教科書 P105 を児童のタブレットで共有して，話し合わせる。

重要なニュースが初めにトップニュースで載っているね。

検索窓ですぐに調べたい情報が手に入るね。

ランキングがあるから、人気のある記事が分かるね。

グループで話し合ったことを全体で交流する。

準備物
・例として使えそうなインターネットのニュースサイトを用意しておく。

ICT
児童がいちばん使用するICTの機能は，インターネットの検索サイトである。その使用方法について深く学習できる単元。各自のタブレットをしっかり活用する。

インターネットでニュースを読もう

①〈ニュースや情報を知る方法〉
・新聞
・テレビ
・ラジオ
・スマホ、パソコン　→　ニュースサイト

め ニュースサイトの読み方、活用の仕方を知り、生活にいかそう

②〈ニュースサイトのトップページの特徴(ちょう)〉
・重要なニュースがのっている
・検索窓(さく)
・ランキング

じっくり話し合わせたい。展開4では時間を確保し，何度も活動させたい。

3 ニュースサイトと新聞の記事を比べよう。

T　教科書106ページを開きましょう。

T　ニュースサイトと朝刊の記事を比べます。同じだと思うところに，一本線（＿＿）を，違うなと思うところに波線（〜〜）を引きましょう。

　　教科書P106を画像としてタブレットに保存し，タブレットに書き込んでもよい。

T　線を引いた場所を話し合いましょう。

写真はどちらも載っているね。

ニュースサイトには関連記事があるね。

トップページの題名は、ほぼ同じだね。

ニュースサイトはコメントを入れることもできる。

教科書P107の岩木さんの言葉を読み，ニュースサイトから正しく読み取れているのか，以下の観点で話し合う。
・情報発信日や発信した人を正しく読み取れているか。
・事実と意見を区別して読み取っているか。

4 アクセスしてニュースを読んだり、さらに知りたいことを検索したりしよう。

T　このニュースサイトを使って，次のことをさらに調べたいと思います。
　　○化石を発見した人はどんな人か。
　　○最近，他にも新種の恐竜の化石が見つかったニュースはあるか。

T　何に気をつけて，どのように探せばよいですか。グループで話し合いましょう。

検索窓で言葉を入力してみるといいね。

サイトに出てきた言葉を使って、もう1度検索してみよう。新種、恐竜、化石…かな。

ニュースサイトには関連記事があるので、調べやすいね。

いつ、誰によって発信されたかをきちんと知ろう。

教科書P107の「たいせつ」を読み，確認しながら話し合わせる。話し合いの後，実際に調べさせるとよい。

文章を推敲しよう

◎ 指導目標 ◎

・文章全体の構成や書き表し方などに着目して，文や文章を整えることができる。
・文の中での語句の係り方や語順，文と文との接続の関係，話や文章の構成や展開について理解することができる。

◎ 指導にあたって ◎

① 教材について

　文章の書き方については，段落に分ける，「初め」「中」「終わり」にまとめる，構想メモを書くなどの手順の学習をこれまでにしています。そのため，テーマに沿ったまとまりのある文章の書き方は，一定程度は身についてきているものと推察できます。

　本教材では，文章を書き上げた後の仕上げとして，文章の推敲が学習課題となります。文字や語句の間違いだけでなく，文章の構成や表記の工夫，文章の内容にも目を向けて，筆者の意図が読み手によりよく伝わる文章になるような推敲の仕方を学習していきます。

　2時間扱いの短い学習時間ですが，教科書に掲載されている推敲の具体例をもとにして，自分であれば，どこをどう直すか，考え話し合います。この単元を学習した後で，自分がこれまでに書いた文章を推敲し，書き直してみるのもよいでしょう。

② 個別最適な学び・協働的な学びのために

　まず，教科書の例文を読み，どのような視点で推敲し，文章をどのように書き直しているかをしっかりと見極めます。ここで気づいたことは，グループで話し合い交流します。次に，自分であれば例文をどう書き直すか，教科書の例やグループでの話し合いを参考にして考えます。各自が書き直した文章は，比較し合って互いに学び合うことも大切です。

　推敲の仕方になれてきたら，例文ではなく，自分たちが書いた文章を実際に推敲してみるのもよい勉強になります。

知識 及び 技能	文の中での語句の係り方や語順，文と文との接続の関係，話や文章の構成や展開について理解している。
思考力，判断力，表現力等	「書くこと」において，文章全体の構成や書き表し方などに着目して，文や文章を整えている。
主体的に学習に取り組む態度	進んで文章全体の構成や書き表し方などに着目し，学習課題に沿って文章を推敲しようとしている。

◎ 学習指導計画　全 2 時間 ◎

次	時	学習活動	指導上の留意点
1	1	・「推敲」とは何かを知る。 ・例文（桜井さんの文章）を読み，友達の質問について考える。 ・例文をどのように直すか書き込む。	・教科書 P108 の「桜井さんの文章」の例文や，質問，書き込み例を参考にして，例文をどう直すか書き込む。 ・教科書を開かせず，コピーを配布して取り組ませる。
	2	・例文に書き込んだことを交流する。 ・例文では，どのように書き直しているか確かめ，自分たちの書き込んだことと比べる。 ・学習したことを振り返る。	・教科書 P109 の「桜井さんが書き直した例文」と，自分たちの書き込んだことを比較して，よりよい文章にするにはどうすればよいか考える。

板書例

《質問》
・どの目標と関係？
・何という新聞？
・どうすればいい？
③

《どう直すか》 → 書きこみ
④

○ 教科書の書きこみの例

具体的に…
…は、SDGsの…
引用元をはっきりと…
…は、新聞を読んで、

※教科書 P108 の例を提示する。

・減らしましょう
・国内のプラスチックゴミが
取り組みの例をあげる
いちばん先に書く

※児童の発表を板書する。

POINT 教科書の2つの例文や，質問，書き込み例を参考にして，どの箇所にどのように直し方を書き込めばよいのか，イメージを

1 「推敲」とは何かを知ろう。

教科書 P108 のコピーを配布する。教科書は開かせない。

T これからする学習の題を読みましょう。

C 「文章を推敲しよう」

T 「推敲」って，どんなことですか。

C 「書くときに使おう」って書いてあるから…。

C 「一度書いた文章をよりよくするために，修正などをすること」です。下に書いてある。

C だったら，今まででもしてきているよ。漢字や言葉の間違いを直したり順番を変えたり…。

T 教科書308ページにも説明があります。(掲示する)

同じことが書いてある。誤字の修正も，読み直しも，そうしてきました。

形式や表現を適切な形に整える。もっとよい言葉に変えたり，表現を工夫したりするということだね。

読み手を意識して，伝えたいことが相手に伝わる文章にするために推敲する。

2 桜井さんの文章を読んでみよう。

T 上半分に載っている桜井さんの文章を読みましょう。何が書かれていますか。

C プラスチックゴミについて書かれている。

T 書かれている内容を，詳しく見ていきましょう。

プラスチックゴミ問題もSDGsに関係があるのか。初めて知った。

プラゴミ問題は，聞いたことがあるよ。スカイツリー200基以上の重さだなんてすごい！こんなことが新聞に載っていたのか！

レジ袋の有料化だけでなく，マイバッグを持って行ったり，ゴミの分別収集でリサイクルしたりもしているね。

桜井さんは，ゴミ問題に関心があって，いろいろ調べて書いている。呼びかけもしているよ。

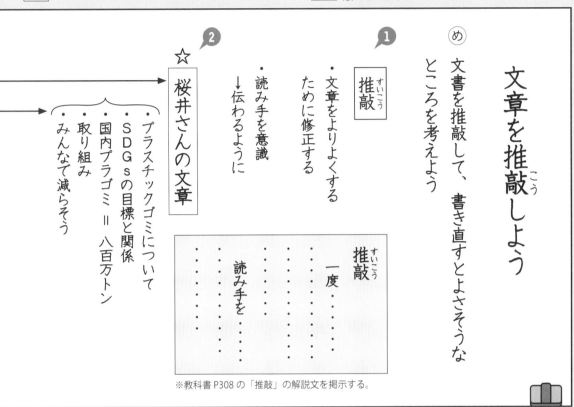

め 文章を推敲しよう

文書を推敲して、書き直すとよさそうなところを考えよう

① 推敲
・文章をよりよくするために修正する
・読み手を意識
→伝わるように

② ☆桜井さんの文章
・プラスチックゴミについて
・SDGsの目標と関係
・国内プラゴミ＝八百万トン
・取り組み
・みんなで減らそう

推敲
一度・・・・
読み手を・・・・

※教科書P308の「推敲」の解説文を掲示する。

しっかりともたせる。

3 桜井さんの文章への質問について話し合おう。

T　桜井さんの文章に，友達からどんな質問がされていますか。

　　教科書P108下の3つの質問を読んで確かめる。

T　桜井さんの文章と，この3つの質問を見て，思ったことを出し合って，話し合いましょう。

　SDGsのどの目標に関わっているかは，書いた方がいいね。ぼくも知りたい。

　何という新聞に載っていたかは、あまり重要なことではないと思う。このままでもいいんじゃないかな。

　みんながどうすればいいかは、大事なことだから、もっと具体的に書いた方がいい。桜井さんが、いちばん伝えたいことだと思う。

　プラスチックゴミ問題が、今、大変なことになっているということは伝わると思うよ。

4 桜井さんの文章をどのように直せばよいか，赤字で書き込もう。

T　桜井さんの文章をどう直せばよいか考えましょう。まず，教科書の書き込みの例を見ましょう。

C　SDGsについて「具体的に書く」と書き込んでいる。どの目標かという質問だね。

C　「新聞を読んで」のところに「引用元をはっきり書く」と書き込んでいる。

T　では，あなたは，桜井さんの文章をどう直すとよいと思いますか，上半分の文章に赤字で書き込みましょう。

　「減らしましょう」のところに、「取り組みの例をあげる」と書き込もう。

　「国内のプラスチックごみが」のところに、「いちばん先に書く」と書き込むよ。書く順番でも伝わり方が違うと思う。

文章を推敲しよう

第 ❷ 時 （2/2）

板書例

❹

学習のふり返り

・伝えたいことを具体的に

・構成

・事実 ⇄ 感想や意見・・・区別

・引用，文と文のつながり

これからの学習にいかす ←

❸

◇桜井さんの書き直しと
自分たちの書きこみとを比べよう

・「海洋おせん」と「プラゴミ」 → 関わりを書く

・できることからの具体例＝よい
　↓３Rも加える

・同じような見直しをしている
（SDGsの具体的な目標，引用元，提案など）

※児童の発表を板書する。

POINT 書き直した例文や，自分たちの書き込んだことを比較して，よりよい文章にするための推敲の仕方をつかませる。

1 文章のどこをどのように書き直したらよいと考えたか，交流しよう。

T　それぞれ，どこをどのように直したらよいと書き込みましたか。グループで交流しましょう。

プラスチックゴミが海洋汚染の原因になっていることも書かないとSDGsの目標につながらないよね。

そうなのか。それで「海の豊かさを守ろう」という目標に関係が深いのか。

私は「みんなでできることを具体的に書く」と書き入れた。自分が書き直すとしたら…。

ぼくは，取り組みのところで「３Rのことも書く」と書き込んでおいたよ。

T　交流した感想も言いましょう。

C　みんないろんなことを考えているなあと思った。

C　でも，同じような書き込みも多かったよ。

2 桜井さんは，どこをどのように書き直したか確かめよう。

T　では，友達の質問を聞いて，桜井さんは，どこをどのように書き直していますか。教科書 109 ページを開いて見てみましょう。

C　「海の豊かさを守ろう」という SDGs の目標と深く関わっていると書いている。

C　「北西新聞」という名前を書き加えている。

C　プラスチックのカップなどを使わないなど，できることから取り組んでいこうと呼びかけている。

T　桜井さんが書き直した文章について，思ったことを出し合いましょう。

書く内容の順番を変えたり，文を変えたり，新しく書き加えたり，いろいろ工夫している。

プラスチックゴミを減らすことがなぜ「海の豊かさを守ろう」という目標と関わっているのかが説明できていない。

とても具体的になったので，前の文章より，分かりやすくなったと思うよ。

文章を推敲しよう

め　書き直したらよいと考えたところを比べたり交流したりしよう

① ◇ 書きこんだ直すところを交流しよう
※児童の発表を板書する。

・SDGsの具体的な目標「海の豊かさを守ろう」を示して、海洋おせんとの関わりも書く
・取り組みの例に3Rを入れる
・みんなができることを具体的に

② 《桜井さんの書き直し》

・書く順や文を変えるなど工夫している
・プラゴミとSDGs目標との関わりが説明不足
・具体的で分かりやすくなった
・引用元を最後に分かりやすく書いた
※児童の発表を板書する。

3　自分たちが書き込んだ内容と桜井さんの直した文章を比べよう。

T　桜井さんは、どのような点から文章を書き直しましたか。

C　友達から出た質問について、答えようとして書き直している。

C　その部分だけ書き直すのではなく、1つ1つの文を見直して、よりよい文にしようとしていると思う。

T　自分たちが赤字で書き込んだものと、書き直した文章を比べて話し合いましょう。他に気づいたこともあれば出し合いましょう。

やっぱり「海洋汚染」との関わりを書かないとSDGsの目標とつながらないよね。

私が書きこんだことと、ほとんど同じことを書き直している。

みんなができることの具体例は、これでいいけど、3Rも付け加えたらもっといいかも…。

4　学習を振り返ろう。

T　「たいせつ」「いかそう」を読んで学習を振り返りましょう。

伝えたいことを具体的に書くことで、分かりやすくなるので、相手にもしっかりと伝わるね。

構成とか文のつながりも大事だね。桜井さんの書き直した文章で、最初にプラスチックゴミのことを書いたのはよい問題提起だよ。

感想や意見は自分が思ったことだから、事実と区別するのは大事だね。

C　読む人の立場に立って推敲できるようにしていきたいと思う。

C　後で学習する「おすすめパンフレットを作ろう」で、ここでの学習がいかせそう。

C　文章を書くときに、推敲って大事なんだね。

漢字の広場 ②

◎ 指導目標 ◎

・第5学年までに配当されている漢字を書き，文や文章の中で使うことができる。
・書き表し方などに着目して，文や文章を整えることができる。

◎ 指導にあたって ◎

① 教材について

　　遊園地の様子をイラストと言葉で表しています。例文を参考にして，5年生までに習った漢字を正しく使いながら，人々の行動について文に書きます。尚，イラストは，場面ごとに区分けしてかかれていません。どこで，だれが，何をしているところを文にするのか，絵の中の出来事を正確に説明できるよう，これまで以上にしっかりと見ることが大切になります。いろいろな場面が描かれているので，自分の気に入った場面で文を作らせるとよいでしょう。

② 個別最適な学び・協働的な学びのために

　　この教材の狙いは前学年までの配当漢字の復習です。それを教師が常に頭の中に留めておきましょう。その上で，今回は「人々の行動」を書くという条件をはっきりと児童に意識させ，書かせましょう。全体で発表，グループで，ペアで発表し合うなど，「書く活動」を「話す活動」も含めた学び合いの形となるよう工夫して漢字の復習をさせたいところです。

知識 及び 技能	第5学年までに配当されている漢字を書き，文や文章の中で使っている。
思考力，判断力，表現力等	「書くこと」において，書き表し方などに着目して，文や文章を整えている。
主体的に学習に取り組む態度	積極的に第5学年までに配当されている漢字を使い，これまでの学習をいかして文章を書こうとしている。

◎ 学習指導計画　全1時間 ◎

次	時	学習活動	指導上の留意点
1	1	・教科書の絵を見て，遊園地での人々の行動を想像する。 ・教科書に提示された言葉を正しく使いながら，例にならって遊園地での人々の行動を文章に書く。 ・書いた文章を見せ合い，交流するとともに，示された漢字に触れる。	・配当時間が1時間しかないため，あまりじっくりと取り組むことができない。例を挙げて書き方を説明したり，グループごとに絵の範囲を区切ったりして取り組ませるのもよい。

漢字の広場 ②

第 ① 時 (1/1)

板書例

条件
① 書かれている漢字をできるだけ多く使う
② 人々の行動について書く

・ 似顔絵 をかいてもらっています。（山中）

・ メリーゴーランド前で 順序 よく並んで待っています。（青木）

・ 遊園地の 略図 を見て、乗り物の場所を 確かめ ています。（川上）

・ 容器 の中のおかしの数を 比べ ています。（野口）

・ 遊園地の 規則 が書かれた紙を掲示板に 留め ています。（本田）

※児童に書きに来させる。
※教科書提示の漢字は，後で教師が読み上げるとき，カードを貼るか赤で囲むとよい。

POINT 絵を見ると様々な場面に分かれている。その中で自分が書きたいと思う出来事を囲んでから書かせるようにするとよい。

1 言葉を読み，イラストの中の様子について発表しよう。

1時間の中で，条件付きの作文を書き，互いに発表・交流する時間も取った上での漢字の復習となる。

まず，提示されている漢字をみんなで声に出して読み，読み方を確かめ合う。

T 絵をよく見ましょう。何の絵ですか。この絵の中の人達はどんなことをしていますか。

メリーゴーラウンドに長い行列ができている。

遊園地の絵です。

入り口近くで，遊園地の地図を見ている人がいる。

似顔絵を描いてもらっている人がいる。

言葉と絵から読み取れることをどんどん発表させる。

T いろいろ様子が分かってきましたね。

2 本時の活動の目的と流れを確かめよう。

T 出ている漢字を使って文章を書いてもらいます。あと1つ，条件があります。分かりますか。

「人々の行動を文章に書きましょう。」とあります。

「行動」を書くって，何を書けばいいのですか。

ここで本時のめあてと条件を板書する。

T 教科書の例文をみんなで読んでみましょう。

C 銅像の前で，記念写真をとっています。

T 例文で「行動」とは「写真をとること」です。では，この絵の中で「行動」といえば，他にどんなことでしょう。

C 入場券を買うこと。

C 似顔絵を描いてもらうこと。

C 順序よく並んで待つこと。

T 人々のしたことが「行動」です。それを絵から見つけて，出ている漢字を使って文章に書きましょう。

| 準備物 | ・漢字カード
・教科書P110の挿絵（黒板掲示用）または，
　黒板掲示用イラスト
・国語辞典 | ICT | 5年生までに学習した漢字を，タブレットのシートにフラッシュカードとして作成しておき活用するとよい。継続的に復習をし，定着を図りたい。 |

漢字の広場 ②

め 五年生までの漢字を使って、遊園地での人々の行動を文章に書こう

① 遊園地での人々の行動を文章に書こう

② 遊園地での人々の行動を文章に書こう

（例）銅像の前で、記念写真をとっています。

※〈漢字カードの使い方〉まず，教科書の挿絵（または，QRコンテンツのイラスト）の上に漢字カードを貼っておく。児童が文作りに使用したカードを移動させると，使用していない残りの漢字がすぐに分かる。

3 遊園地での人々の行動を，文章に書いてみよう。

T　どんな文を書けばよいか分かったら，ノートに書きましょう。文が1つ書けた人は，手を挙げましょう。

入口近くで遊園地の略図を確かめている人のことを書こうかな。

2つの同じ容器の中のお菓子の数を比べている子がいた！

早くできた児童の文章を確認して，よければ前に何人か書きに来させる。そうすることで，書けなくて困っている児童が書き方を理解する助けとなる。
何人か前に来させて見本で書かせた後は，各自でノートに書いていかせる。できるだけ多く書かせるようにしたい。

T　書けたら，出てきた漢字をできるだけ使っているか，人々の行動を文に書いているか，声に出して読んで見直しましょう。

4 書いた文章を交流しよう。

T　友達とお互いに1つずつ読んでいきましょう。聞いたら感想も伝えましょう。

「遊園地の入り口前で，ベビーカーを貸し出ししています。」というのもいいね。

「身長100cm以上というジェットコースター乗車の条件を確かめて，許可しています。」とは，うまく書いているね。

クラスの実態により，隣の友達と，グループで，自由に歩いて，など互いに確認する形を変えて交流する。
交流する中で，教科書提示の漢字を相手が赤で囲ってあげる，という形をとるのもよい。さらに，もし，間違えていた場合は友達が直してあげる，としてもよい。

T　たくさんの人と交流できましたか。最後に何人かに発表してもらいましょう。
C　大勢の人で混雑した会場で女の子が歌っています。
C　男の子は，お化け屋敷に入るのを断っています。

やまなし／[資料] イーハトーヴの夢

全授業時間 8 時間

◎ 指導目標 ◎

- ・比喩や反復などの表現の工夫に気づくことができる。
- ・物語の全体像を具体的に想像したり，表現の効果を考えたりすることができる。
- ・文章の構成や展開，文章の種類とその特徴について理解することができる。

◎ 指導にあたって ◎

① 教材について

　宮沢賢治特有の魅力的な言葉で谷川の底が描写されています。『やまなし』は，童話の形をとっていますが，賢治の考える世界が表現された作品のひとつです。一方，明確な筋らしい筋はありません。児童も，「何を書いたお話だろう」「どうして『やまなし』という題なのだろう」などと，疑問をもつ作品です。あわせて『イーハトーヴの夢』という賢治の一生を追った文章を読み，賢治という人物の生き方，考え方にふれさせます。ただ，この資料を直接『やまなし』と結び付けるのは難しいでしょう。

　『やまなし』に描かれている世界を，表現や構成から自分なりにとらえ，文章にまとめた自分の考えを友達と伝え合うのが課題です。まず，『やまなし』に書かれていることは何かという読み取りが大切です。

　はじめに，「…二枚の青い幻灯です」という文があります。そして，五月の幻灯の世界に入ります。この二枚の幻灯とは，「かにの子どもの目に沿って見た」青い水の底の世界だと言えるでしょう。読み手も，ここからは「かにの目」と重ねて読むことになります。クラムボンも「かにの目から見えた」何かです。幻灯では，五月と十二月という 2 つの場面が対比されています。ですから，それぞれ出てくるものや出来事，情景を対比して読むことが，この物語の世界を考える上で大事になります。

　『やまなし』では，「日光の黄金」「青いほのお」「金剛石の粉」など，水の底の自然を表す，独特の比喩や擬態語が使われています。これらの表現にも目を留めさせ，その情景を想像させます。

　尚，賢治の作品は，発表当初，酷評されたように分かりにくさもあります。読むには努力も必要です。

② 個別最適な学び・協働的な学びのために

　難解な文章で知られている『やまなし』です。資料を合わせて読むことで，宮沢賢治の生き方に関心をもち，自分なりの作品に対する考えを主体的にもたせましょう。そのためにも，五月と十二月の対比をはじめ，色のイメージ，川の様子など，明確にさせたいことや教えたいことは，積極的に指導していきます。

　児童だけでは分からなかったことが，授業の中で分かるということも，作品に対する印象を深めることにつながります。自分の考えをしっかりともつことができれば，協働的な学びを通して，作品の世界を読み深めていくことにつなげられるでしょう。

知識 及び 技能	・文章の構成や展開，文章の種類とその特徴について理解している。 ・比喩や反復などの表現の工夫に気づいている。
思考力，判断力，表現力等	「読むこと」において，物語の全体像を具体的に想像したり，表現の効果を考えたりしている。
主体的に学習に取り組む態度	粘り強く物語の全体像を具体的に想像したり，表現の効果を考えたりし，学習の見通しをもって作品世界について考えたことを書き，伝え合おうとしている。

◎ 学習指導計画　全8時間 ◎

次	時	学習活動	指導上の留意点
1	1	・『やまなし』を読む。 ・『やまなし』の初めの部分から，何を描いた作品なのかを話し合う。 ・初めの感想を書いて，話し合う。 ・学習課題と学習計画を話し合う。	・「二枚の青い幻灯」とは何かを話し合い，内容と表現に目を向けさせる。 ・自分の考えを文章にまとめ，最後に交流することを伝えておく。
2	2	・『イーハトーヴの夢』を読み,賢治の生き方と「夢」（理想）について話し合う。	・『やまなし』とは，無理に結び付けない。賢治の行動と，そのもとにある考え方とをつないで読ませる。
3	3	・「五月」を読み,情景と出てくるもの,かにの様子,出来事などを読み取る。	・二重（入れ子）構造の物語になっている。二枚の幻灯とは，水の底の世界を表しており，水の底からの視点になる。 ・まわりの景色と様子，かにの様子，出来事の3つについて，表現をもとに情景を捉えさせ，表に書きまとめさせる。 ・「五月」と「十二月」の，季節，とき（時刻），出来事などを比べ，違いと共通点を話し合う。特に「かわせみ」と「やまなし」のもたらしたものの違いに着目させ，題名も考えさせる。
	4	・「十二月」を読み，情景やかにの様子，出来事を読み取る。	
	5	・五月と十二月の世界を対比し,『やまなし』という題名になっている理由について話し合う。	
	6	・『やまなし』で，作者が伝えたかったこと（主題）について自分の考えをまとめる。 ・『イーハトーヴの夢』と読み比べる。 ・比喩や擬態語など作者独特の表現を確かめる。	
4	7・8	・自分の考えを書いたものを読み合い，感想を交流する。 ・学習を振り返る。	・これまでにまとめてきたものを読み直し，作者が作品に込めた思いについてあらためて考えさせる。

本時の目標
・『やまなし』を読み，初めの感想を書くことができる。
・学習課題をとらえ，学習の見通しをもつことができる。

板書例

❸
◇　初めの感想を書こう
・何が書かれているのか
・心に残ったこと、感じたこと

❹
〈学習課題〉
作品の世界を想像しながら読み、考えたことを文章にまとめて伝え合おう

〈学習の進め方〉
①初めの感想（今日）
②「イーハトーヴの夢」＝　宮沢賢治を知る
③④「五月」「十二月」を読む
⑤二枚の幻灯を比べる
⑥作者の伝えたいことを文章にまとめる
⑦⑧交流する

POINT　初めの感想は，ぜひ教師が目を通しておき，これからの読みを進めていく参考とする。児童からはクラムボンのことなど，

1　学習課題を確かめよう。

T　これから，『やまなし』というお話（物語）を読んでいきます。書いた人（作者）は誰ですか。
C　宮沢賢治です。聞いたことがあります。
C　『やまなし』って何だろう。
　　『やまなし』という題名について話し合ってもよい。

T　今日は，まずこの『やまなし』を読んで，どんなことが書かれたお話なのか，自分が思ったこと，感じたことを初めの感想として書いてみましょう。

絵がきれいだね。　クラムボンって何かな。

T　宮沢賢治という人について書かれた『イーハトーヴの夢』（P123-131）という資料も出ています。
　　教科書の宮沢賢治の写真を見る。

2　初めの部分を読もう。
「二枚の青い幻灯」とは何だろう。

T　まず，先生が読んでみます。「小さな谷川の底を写した，二枚の青い幻灯です。…」
　　全文を範読してもよい。（全文約8分）
T　自分でも読んでみましょう。（1人小声読み）
T　1行目に「…二枚の青い幻灯です。」とあります。この「青い幻灯」には何が写っているのですか。

「五月」と「十二月」の谷川の底です。

かにの子どものいる谷川で、そこにいるかにが見た谷川の様子だと思います。

T　そうです。ここから谷川の底の世界に入るのです。かにの兄弟といっしょに見ていくのです。
C　青いのは川の水の色かな。
C　流れているあわも，かにのあわかな。

　　幻灯（今なら映像）の意味を教え，語句調べをしていく。

| ICT | 『やまなし』は初発の感想が重要な意味をもつ。書いた内容を，ぜひ共有して，学級全体で感想の交流を行いたい。 |

め①「やまなし」を読み、初めの感想を書こう

②学習の流れを確かめよう

やまなし

宮沢 賢治（みやざわ けんじ）

小さな谷川の底を写した、二枚の青い幻灯（げんとう）です。

私（わたくし）の幻灯は、これでおしまいであります。

一、五月
二ひきのかにの子どもらが…

二、十二月
かにの子どもらは

幻灯 とは
＝かにが見た谷川の底の（青い）

二つの世界

疑問も多く出てくると考えられる。

3 初めの感想を書こう。

T　いいなあと思ったところ，心に残ったところはありましたか。また，お話全体からどんな感じを受けましたか。

C　これまで読んだ物語とは違う不思議な感じです。

C　谷川の底の景色が見えるような感じがしました。

C　宮沢賢治は，何を言いたかったのかなあ。

C　どうして『やまなし』という題なのかなあ。

　書く前に感想の交流をしてもよい。「何だか，よく分からない」という声も出るだろう。

T　では，話の内容，言葉づかい，お話全体から受けた感じ，心引かれたことを感想に書きましょう。

クラムボンって面白そう。でも何だろうと…。

「十二月」は，温かくて平和な感じがしました。それと，金剛石の粉など，とてもきれいな感じがしました。

内容と表現について，感想を自由に交流する。

4 学習の流れを確かめよう。

T　この学習では，最後に，作品に対する自分の考えを文章にまとめて交流します。

　全体の流れを説明し，最後にまとめの文を書き，交流することを伝える。

T　教科書 132，133 ページを参考にして，どんなことを書くのか理解しておきましょう。

読んで考えたことを忘れないように，メモしておかないといけないね。

自分の感想だけじゃなく，作者の思いについても書くんだね。

T　次の時間は『イーハトーヴの夢』を読んで，宮沢賢治とはどんな人だったのか，話し合いましょう。

本時の目標

『イーハトーヴの夢』を読み，宮沢賢治の生き方や考え方，願い（理想）を知り，感想をもつことができる。

板書例

④

「イーハトーヴの 夢 」とは

＝

願ったこと、理想は

「みんなが人間らしい生き方」

「心が通い合う世界」

※ QR コンテンツなどより，東北地方か岩手県の地図を掲示するとよい。

・羅須地人協会

・農業と芸術

・肥料会社の仕事

・三十五才 … 病気で亡くなる

「水を一ぱい下さい」

「ああ、いい気持ちだ」

←

農民のために

自分も農民になって

POINT 賢治はいわゆる「作家」ではなく，その作品は理想と現実のくらしから生まれたことに気づかせる。本文が長いので行動と

---

1 『イーハトーヴの夢』を読もう。

T 『やまなし』を書いた宮沢賢治という人は，どういう人だったのでしょう。それが『イーハトーヴの夢』に書かれています。

C 「イーハトーヴ」って何だろう。人の名前かな。

T では，『イーハトーヴの夢』を読んでみましょう。

音読だけで 11 〜 12 分かかる。45 分でおさめるなら，教師が説明も交えながら読むことになる。年譜を作るのなら 2 時間扱いにする。本稿では年譜づくりを略している。

児童に黙読させる。？や○などの記号を付けさせてもよい。（時間に応じて黙読は略）次に，教師が読み聞かせる。難語句も多い。「質店」「裕福」「理想」などの言葉については立ち止まり，そのつど説明を加えながら通読する。

賢治の臨終の場面は，児童の心に残るだろう。

2 宮沢賢治の生い立ちを追ってみよう。

T 宮沢賢治はいつ，どこで生まれた人でしょう。生い立ちが書かれているところを読みましょう。(P123, 124)

C 120 年以上前に生まれた人です。明治時代です。

C 岩手県の人です。

黙読し，賢治の生まれた時代，環境など，基本的な生い立ちをまずまとめる。生家のこと，石集めをしたこと，病気のことなど簡単に触れる。

T その頃，岩手県はどんなところだったのでしょう。

C 洪水など自然災害が多く，被害も出ていました。

C 農民たちが大変苦しんでいました。

T それを見て育った賢治は，どのようなことを考えたのでしょうか。したことと，考えが分かるところに線を引きましょう。

「なんとかして農作物の被害を少なくし，人々が…」のところ。

「そのために一生をささげたい。…」のところもそうだね。

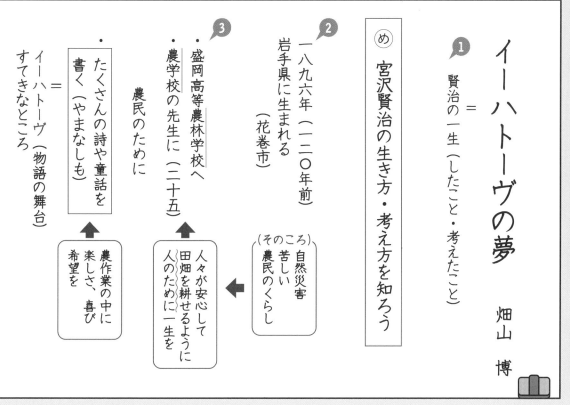

イーハトーヴの夢　畑山　博

1 賢治の一生（したこと・考えたこと）

め　宮沢賢治の生き方・考え方を知ろう

2 一八九六年（一二〇年前）
岩手県に生まれる（花巻市）

（そのころ）自然災害　苦しい農民のくらし

3 ・盛岡高等農林学校へ
・農学校の先生に（二十五）
農民のために

人々が安心して田畑を耕せるように人のために一生を

・たくさんの詩や童話を書く（やまなしも）
・イーハトーヴ（物語の舞台）＝すてきなところ

農作業の中に楽しさ、喜び希望を

考えに絞り、効率よく進める。

3 賢治の生き方と考え方を話し合おう。

T　124，125ページには、賢治のしたことと、考えたことが書かれていました。まず何をしたのですか。

盛岡高等農林学校に入りました。

農業の勉強をして、農学校の先生になりました。

T　どんな考えから農業を学び、教えたのでしょう。
C　人々が安心して田畑を耕せるようにとの考えから。
C　そのため（人のため）に一生をささげたい。
T　125ページの終わりの方から何をしたことが書かれていますか。
C　たくさんの童話、詩も書いたことです。
T　童話や詩を書いたのは、どんな考えからでしょう。
C　農作業の中にも喜びや希望をもつためです。
T　賢治の考えについてどう思う？自分だったら？
C　童話や詩なら、みんなが読みやすくていいね。
C　ぼくだったら、書けないな…。

4 『イーハトーヴの夢』とはどんな夢なのか確かめ、感想を交流しよう。

T　『イーハトーヴの夢』の「イーハトーヴ」とは何でしょう。地図（P127）も見てみましょう。

 賢治の書いた物語の舞台です。想像の国の名前だと思います。

 地図を見ると、「やまなし」の「イサド」もあります。

後半部を読み進め、行動と考え（願い・理想）が結び付いていることに気づかせる。

T　『イーハトーヴの夢』とはどんな夢（理想）なのか、もう1度振り返りましょう。(P128上L10から読む)
T　賢治が願ったのは、どんな世界でしょう。
C　みんなが人間らしい生き方ができる社会です。
C　みんなが、互いに心が通い合う世界です。
T　それについてどう思いますか。話し合いましょう。
　　感想を交流する。

本時の目標　「五月」の幻灯に出てくる情景や出来事を，言葉や比喩表現に着目して読み，この場面について自分の考えをメモすることができる。

板書例

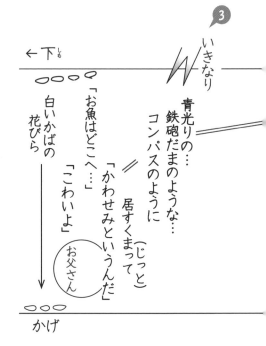

③
いきなり
青光りの…
鉄砲だまのような…
コンパスのように
居すくまって（じっと）
「かわせみというんだ」
「お魚はどこへ…」
「こわいよ」　お父さん
白いかばの花びら
←下
かげ

④
〈「五月」の谷川の底を見て〉
・暗くなったり明るくなったり
・クラムボン＝笑ったり死んだり
・こわいできごと ↔ きれいな花びら
（かわせみと魚の死）

◇ 自分の考えをメモしよう
☆ 特徴的な表現から

※児童の発表を板書する。

POINT　かにといっしょに，谷川の底を見ているという視点で読ませる。だから「クラムボンとは何か」についても，かにの目に

1 幻灯の「五月」の場面を読み，視点を図で整理しよう。

T　音読しましょう。見た景色や出てくるもの，出来事，かにの会話を読み，谷川の底の様子を想像しましょう。

　様子（情景），かに，出来事の3つの観点で読む。3つの記号をつけたり，線を引かせたりしてもよい。

T　幻灯に写った谷川の底は，どこから見ている景色や様子なのでしょうか。

水の底から，横や上（＝天井）を見ています。

かにと同じところから見ています。

幻灯の視点を確かめ，それぞれの視点を板書する。

T　「上」（かみ，うえ）や「下」（しも，した）という言葉が出てきます。図で整理しておきましょう。

　川の流れに合わせて，板書の図で説明する。

2 「五月」の前半の文から，谷川の様子を読み取ろう。

T　「五月」の谷川の様子はどのように見えたのか，116ページ10行目まで読みましょう。まず出てきたものは何だったのでしょう。

C　クラムボンという「生き物」がいます。

C　1匹の魚も泳いでいます。

T　まわりの景色はどのように見えたのでしょう。

「青く暗く鋼のよう」「つぶつぶ暗い泡」が暗い感じ。

「日光の黄金は，夢のように」明るいです。

「光の網」「かげの棒」も見えます。

文に即して話し合い，情景を想像させる。

T　かにの兄弟は，何をしていましたか。

C　クラムボンや魚を見て，話をしています。

　クラムボンは「かにの言葉」である。「どんなもの」なのかは，「笑うもの」「死ぬもの」などと言える。

ICT 「五月」の様子を読み取り、タブレットのシートに絵をそれぞれが描く。その絵を共有し、お互いに説明させると、お互いの読みの違いや内容の理解が深まる。

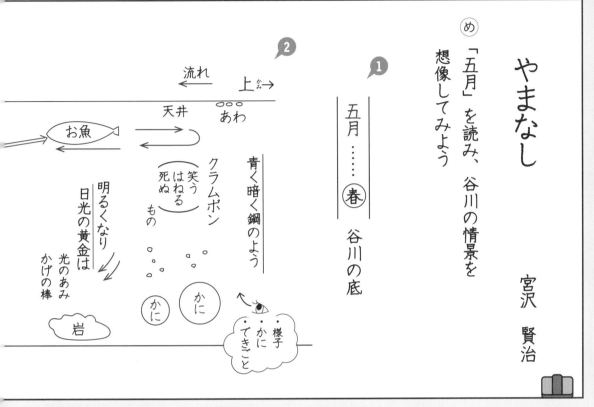

見える「ある何か」だと言える。

3 「五月」の後半で、かにが見た出来事とその後の様子を読み取ろう。

T　かにの兄弟が見た出来事は何だったのでしょう。「そのときです。」(P116L12)から読みます。(範読)
　ここも、かに側の視点で書かれている。

T　これは、外から見るとどんな出来事を表しているでしょう。「青光りの…鉄砲玉のような」「コンパスのように」とは、何のことでしょう。

コンパスは、きっとかわせみのくちばしだよ。

泳いでいた魚が、かわせみに捕えられたことじゃないかな。

T　その後の、かにと谷川の様子も発表しましょう。
　再度 P116L1-P118(「五月」の最後まで)を音読する。おびえたかにの様子と、お父さんの言葉、かば(山桜)の花びらが流れてきたことを想像させ、情景を話し合わせる。読み取ったことは全体で板書にまとめていく。

4 「五月」に描かれていることを表に整理して、交流しよう。

T　かにといっしょに、五月の谷川の底を見て、どう思いましたか。

暗くなったり、明るくなったり、上を魚が泳いだりと、水の底にいるようでした。

魚が急にいなくなるのを見て、怖い思いをしました。

「五月」を読んだ感想を交流してもよい。

T　みんなで読んだ「五月」の様子と出来事を、板書を参考に、特徴的な表現も書き出して表に書きまとめましょう。
　ノートかワークシートQRに書かせる。

T　この谷川の様子や出来事が他の人にも伝わるように書くことができるかな。

T　この勉強の最後に自分が考えたことを文章にまとめて交流します。今日の学習で考えたことや感じたことを忘れないようにメモしておきましょう。

本時の目標：「十二月」の幻灯に写された情景や出来事を，比喩表現などに着目して読み，この場面について自分の考えをメモすることができる。

板書例

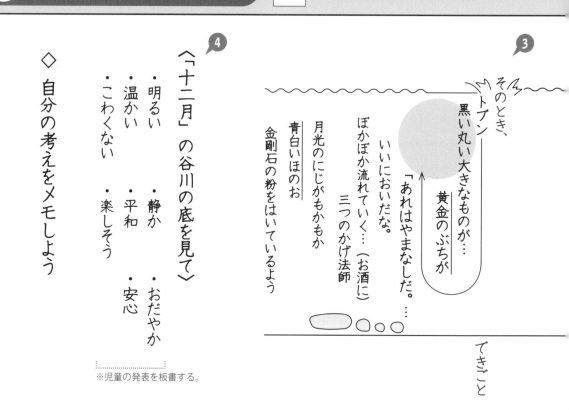

③

そのとき、
トブン
黒い丸い大きなものが…
黄金のぶちが
「あれはやまなしだ。…」
ぼかぼか流れていく…（お酒に）
いいにおいだな。
三つのかげ法師
月光のにじがもかもか
青白いほのお
金剛石の粉をはいているよう

てきごと

④

〈「十二月」の谷川の底を見て〉
・明るい　　・静か
・温かい　　・平和　　・おだやか
・こわくない　・楽しそう　・安心

※児童の発表を板書する。

◇ 自分の考えをメモしよう

POINT　次時の「対比」につながるよう表にまとめさせる。五月の「魚の死」に対して「やまなしの熟成」が対比されていることに

1 幻灯の「十二月」の場面を，「五月」と比べながら読もう。

T　「十二月」は，「五月」と比べるとどんな季節ですか。
C　「五月」は春，「十二月」は冬。寒い季節です。
C　半年も経っています。水も冷たいと思います。
T　生きものにとっては，どんな季節でしょうか。
C　「五月」は成長するとき，「十二月」はもう冬眠かな。
T　では，「五月」と同じように，水中の景色，かに，出来事の３つを考えながら音読しましょう。
　　範読か指名読みの後，１人音読させる。「五月」のように，印や線を入れながら読ませる。
T　１日のうち，何時ごろの景色ですか。

「十二月」は夜の景色です。「五月」は昼でした。

きっと寒いけれど，明るくてとてもきれいです。よく晴れた月の出ている夜です。

2 「十二月」の谷川の底の様子を想像しよう。

T　「十二月」の谷川の底は，どのような様子なのでしょうか。見えたものは何ですか。作者の独特な表現に着目しましょう。

「白い柔らかな丸石」「水晶のつぶ」「金雲母のかけら」

「ラムネのびんの月光」

波の青白い火。しんとしている。遠くから波の音。

教科書P120L13（やまなしが落ちてくる前）まで読み，情景が想像できる語句や，心引かれる表現を出し合わせる。

T　この夜の情景，景色を思い浮かべてみましょう。
C　とてもきれい。温かそう。季節は十二月なのに。
T　かにの兄弟は何をしているのでしょう。
C　大きくなり，泡の大きさの比べ合いをしています。
T　お父さんも出てきます。かにの様子やお父さんの言葉からどんな感じがしますか。
C　心配するやさしいお父さん，平和な感じがします。

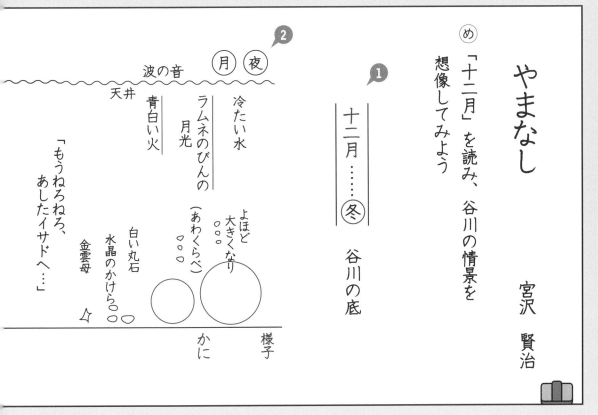

やまなし　宮沢　賢治

め 「十二月」を読み、谷川の情景を想像してみよう

❶ 十二月……冬　谷川の底

❷ 月　夜

波の音

天井

青白い火

ラムネのびんの月光

冷たい水

「もうねろねろ、あしたイサドへ…」

金雲母

白い丸石

水晶のかけら

よほど大きくなり

（あわくらべ）

かに

様子

気づかせる。

3 「十二月」の後半で，かにが出会った出来事とその後の様子を読み取ろう。

T 「十二月」に起こった出来事は何でしょう。その場面を読みましょう。120ページ14行目「そのとき」からです。(P121L2「上っていきました」まで範読)

T どんな出来事でしたか。

やまなしが落ちてきたことです。

でも，かにの子どもは，かわせみだと思ったようです。「五月」のことを覚えていたのだね。

T そのときと，その後の様子を音読して，出来事を確かめましょう。(続きから最後まで音読)

C きらきらっと黄金のぶち (まだら) が光りました。

C やまなしのいいにおいでいっぱいでした。

C ぽかぽか流れていくやまなしの後を追いました。

3つのかげ法師，青いほのお，月光のにじがもかもか，金剛石の粉，などの表現を取り上げ想像させる。

4 「十二月」に描かれていることを表に整理して，交流しよう。

T 「十二月」の谷川の底の様子を「五月」と比べて，違いはありましたか。この谷川を見てどう思いましたか。

寒い季節なのに，明るくきれいな谷川の様子です。

落ちてきたのは，かわせみではなくていいにおいのやまなしでした。平和で温かい感じです。

他に，「おだやか」「楽しそう」など出てくるだろう。

T 「十二月」の様子や出来事を表にまとめましょう。ノートかワークシート QR の表に，書きまとめさせる。

T 「十二月」の様子を読んで，考えたことや感想もメモしましょう。

C 半年たっても，かわせみのことを覚えているぐらい印象深い出来事だったのだと思いました。

C 黄金のぶちのやまなし，月光のにじ，金剛石の粉などの表現から，きらきら美しい情景が想像できました。

やまなし

第 5 時（5/8）

本時の目標：「五月」と「十二月」の幻灯に写された世界を対比し、『やまなし』という題名について考えることができる。

板書例

③

〈世界〉　〈かに〉

「お魚はどこへ」

「こわいよ…」こわい

「こわい」

昼　暗い　こわい・死

↕　　　↕

明るい

（うつり変わる）

「おいしそうだね

お父さん」安心

夜　幸せ・平和

↕

明るい

④

◇ どうして題が「やまなし」なのか
　考えよう

・やまなしの出てくる「十二月」を読むと
　いい気持ちになる。幸せな気持ちだ

・十二月のような世界であってほしい

・十二月は「やまなし」があるのがいい

※児童の発表を板書する。

POINT　『やまなし』という題については、教師がその意味するところを語って聞かせてもよい。

1　「五月」と「十二月」の谷川の様子を比べよう。

T　二枚の青い幻灯には違いがありました。今日は、<u>2つを比べてどんな違いがあったのかを考えましょう。</u>

C　季節が違いました。

C　「五月」はお昼、「十二月」は夜の谷川でした。

T　季節も時間も違いましたね。「五月」と「十二月」をもう1度音読してみましょう。（斉読など）

T　<u>どうして、幻灯は二枚あるのでしょう。二枚を比べると、分かることがありそうですね。</u>

T　<u>まとめた表を見て、違うところを話し合いましょう。まず、谷川の景色、様子は？</u>

「十二月」にはクラムボンも魚も出てこないね。

「十二月」も明るいけれど、とても静かな感じ。

「五月」は「鋼のよう」「日光の黄金」、「十二月」は「ラムネのびんの月光」。光も違う。

話し合ったことを、全体で交流する。

2　出来事と、かにの兄弟の様子を比べよう。

T　<u>出来事にも違いはありましたか。</u>

C　「五月」はかわせみがやってきて、「十二月」はやまなしが落ちてきました。

T　<u>同じところもありますね。</u>

C　どちらも上（の世界）から急に現れました。

T　<u>とつぜん現れた、「五月」のかわせみと、「十二月」のやまなしには違いがあるのでしょうか。かにの兄弟はどう感じたでしょう。</u>

でも、「十二月」のやまなしはいいにおいのする平和なもの。

かわせみは魚を食べる怖いものだよね。

怖くないから、かにたちも追いかけているね。

T　かにの兄弟の様子はどう違ってきていましたか。

C　大きく成長して、泡比べをしています。

186

準備物	・ワークシート	ICT	前時までに，書いた「五月」「十二月」の絵を比較して，どうして，『やまなし』という題になったのか，考えをタブレットのシートにまとめていく。

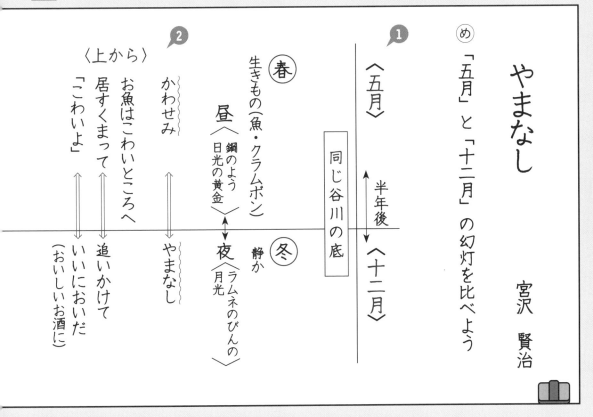

板書（右から左へ）

やまなし

宮沢 賢治

め 「五月」と「十二月」の幻灯を比べよう

❶
〈五月〉
半年後
〈十二月〉

同じ谷川の底

❷
〈上から〉
「こわいよ」
居すくまって
お魚はこわいところへ
かわせみ

〈春〉
生きもの（魚・クラムボン）
昼〈鋼のよう／日光の黄金〉
　　　↕
夜〈ラムネのびんの／月光〉
〈冬〉
静か

追いかけて
いいにおいだ
（おいしいお酒に）
やまなし

---

3 二枚の幻灯の世界の違いについて
考えたことを書き，交流しよう。

T 「五月」と「十二月」では，いろいろな違い，反対のことがありました。いちばん大きな違いは何だと思いますか。

「五月」は，かわせみによって魚が死にます。「十二月」はやまなしが熟しています。

昼と夜，死と生，怖さと平和，などの対比をもとに，ワークシート などに考えを書かせる。

T それぞれ，どんな世界だと言えるでしょう。
C 「五月」は，魚もいて明るいけれど怖い谷川です。でもかばの花びらも流れてきます。「十二月」は冷たいけれど，やまなしのある平和な世界です。
C 小さな谷川にも怖いことがあり，反対に幸せなこともある世界です。移り変わっていくようです。イサドもきっと楽しいところだと思います。

---

4 『やまなし』という題名について
考えよう。

T このお話の題は『やまなし』です。どうして『やまなし』なのでしょう。考えて書いてみましょう。

「十二月」にしか，出てこないのに…。ぼくだったら「谷川の底のかにの兄弟」にします。

かわせみでなく，やまなしがあると，とてもいい気持ちになります。

理由は，「小さな谷川にも移り変わりがあり，怖いことや死もある。しかし，自然は美しく調和と共生，幸福がある。『やまなし』はその象徴でもある。」ということになるだろう。
賢治の考える世界とも重なってくる。
児童には難しい課題かもしれないが，書いたことをグループまたは全体で自由に話し合わせ，交流する。交流した内容は，ノートに書かせておく。

<table>
<tr><td>本時の目標</td><td>・作者が伝えたかったことは何か，賢治の考え方とあわせて書き，話し合うことができる。
・比喩や擬態語に気づくことができる。</td></tr>
</table>

板書例

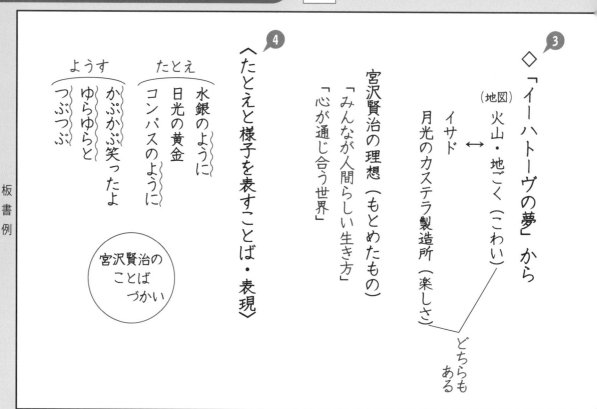

③

◇「イーハトーヴの夢」から

（地図）
火山・地ごく（こわい）
イサド　←→
月光のカステラ製造所（楽しさ）

「心が通じ合う世界」
「みんなが人間らしい生き方」

宮沢賢治の理想（もとめたもの）

どちらもある

④

〈たとえと様子を表すことば・表現〉

たとえ
　水銀のように
　日光の黄金
　コンパスのように

ようす
　かぷかぷ笑ったよ
　ゆらゆらと
　つぶつぶ

宮沢賢治の
ことば
　づかい

POINT　『やまなし』は，「美しい」だけの物語ではない。朗読するには，作品の主題をある程度分かっておく必要がある。話し合い，

1 心に残った場面を話し合い，心に残ったところを書き写そう。

T　『やまなし』の中で，いいなあと思ったところ，心に残ったところはどこでしょう。

「五月」のかばの花びらが流れてくるところは，ほっとします。

「十二月」のかにがやまなしを追いかける場面です。

T　心に残ったところを書き写してみましょう。
　時間は決めておく。（5〜10分程度）

T　そこを音読してみましょう。
C　「三びきは，ぼかぼか流れていくやまなしの後を追いました。その横歩きと，底の黒い三つの…」
C　「波は，いよいよ青白いほのおをゆらゆらと…」
T　そこが好きになった理由も言えますか。
C　水の底がとても美しく書かれているからです。
C　かにたちも平和で幸せそうな感じがします。
　話し合い，「主題を考える」につなぐ。

2 二枚の幻灯を見せて，作者が伝えたかったこと（主題）を考えよう。

T　宮沢賢治は，この『やまなし』で何と伝えたかったのでしょう。題名や比べてまとめた表も参考にして考え，ノートに思ったことを書きましょう。

　作品には賢治の世界観が示されている。『やまなし』に描かれた，生と死，怖さと平和，豊かさ，美しさ，共生，そして変化。世界はこれらを併せもったものだということを伝えたかったのだろう。
　主題は，児童には難しいかもしれないが，これまでまとめた表やメモをもとに考えさせる。

T　書いたことを発表しましょう。

「十二月」のやまなしが落ちてきたときの場面がとてもきれいです。こんな幸せがある，ということを伝えたかったのだと思います。

怖さと幸せの両方を伝えたかったと思います。

<table>
<tr><td>準備物</td><td>・ワークシート（第3時以降，まとめてきたもの）</td><td>ICT</td><td>ワークシートは，ファイルやノートに紙媒体で残していく方法と，タブレットで記入したり画像として保存したりする方法がある。児童が学びやすい方法を選択させたい。</td></tr>
</table>

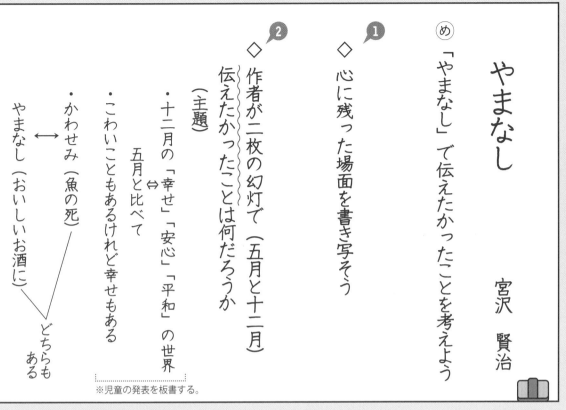

やまなし　宮沢　賢治

め　「やまなし」で伝えたかったことを考えよう

① ◇　心に残った場面を書き写そう

② ◇　作者が二枚の幻灯で（五月と十二月）伝えたかったことは何だろうか
（主題）

・十二月の「幸せ」⇔五月と比べて「安心」「平和」の世界

・こわいこともあるけれど幸せもある

・かわせみ（魚の死）
　　↕
・やまなし（おいしいお酒に）
　どちらもある

※児童の発表を板書する。

見方を広げておく。

3 『イーハトーヴの夢』とも比べよう。

T　賢治の想像の土地，イーハトーヴの地図も見てみましょう。（P127）どんなものがありますか。

C　イサドの町，月光カステラ製造所…楽しそう。

C　火山や地獄もあるよ。こっちは恐そう。

T　イーハトーヴには，火山のように怖いところもあるけれど，楽しく人を幸せにしそうなところも，両方ありますね。

「谷川の底」もそうでした。かわせみが来たり，反対にやまなしが落ちてきたりしました。

T　賢治は，『やまなし』で，谷川の底にはどちらもあるということを，二枚の幻灯で写していますね。

T　賢治の理想も振り返ってみましょう。128ページ上段10行目「賢治がイーハトーヴの物語を通して」から読んでみましょう。

　　小学生には難しい文章なので，補説する。

4 比喩と擬態語を見つけ，音読しよう。

T　『やまなし』には，「水銀のように」のような例え（比喩）が見つかります。この場合，何を何に例えていますか。

光っている泡を水銀に例えているんだね。

変わった例えがいっぱいあったね。

T　他に，「日光の黄金」は「…のように」は使っていませんが，日光を黄金に例えています。こんな例えを見つけて，気に入った文に線を引きましょう。

　　書き写させてもよい。（P133下参照）

T　では，読んでみましょう。（音読で発表させる）

T　「かぷかぷ」…これは，何の様子ですか。

C　クラムボンの笑う様子です。かわいいです。

T　こんな様子を表す言葉も見つけてみましょう。

　　作者独特の言葉や表現を出し合い，全体で確かめる。

やまなし

第 7,8 時 （7,8/8）

板書例

④

◇他の作品も読んでみよう

・色や音、場面の様子などの表現が豊かな作品（宮沢賢治、安房直子）

・表現や構成に着目して

③

◇友達の文章を読み合おう

◎読み合いをして、思ったこと

・同じところ
・ちがうところ
・「いいな」と思ったところ

感想を交流する

②考えを文章にまとめる

（例）
・作者が伝えたかったこと
・作者が表現したかったこと
・作者の思いが最も表れているところ

など

POINT　文章にすることだけを目的にするのではなく，文章にする過程や交流の中であらたな気づきや感想をもてるようにさせたい。

---

1 ノートや教科書を読み直して，『やまなし』の学習を振り返ろう。

T　この時間は，まず，これまでの勉強を振り返ってみましょう。

ちょっと分かりにくい作品だと思いました。

五月と十二月に分かれて，違うところと同じところがありました。

自然の豊かさをテーマにしていると思った人もいました。

T　教科書やノートを見直してみましょう。
C　やっぱり，きれいな表現がたくさんあるね。
C　クラムボンやイサドが気になるな。
C　対比して分かったことが多かったな。

T　『やまなし』だけではなく，『イーハトーヴの夢』も読みましたね。
C　これを読んだから賢治について少し理解できた。
C　作品にも生き方が出ていたね。

2 『やまなし』の勉強をして感じたことや考えたことを文章にまとめよう。

T　では，『やまなし』の学習をして，自分が感じたことや考えたことを文章にまとめましょう。
C　何から書いたらいいのか…いろいろあるなあ。

教科書 P133 下段「考えをまとめるとき」を読み，確かめる。（板書参照）

T　特に，賢治がこの作品に込めた思いについて書いてみましょう。

岩手県と関係があったな。

災害があったときに生まれたんだったね。それも関係ありそうだね。

命や平和について考えたんじゃないかな。

T　他に，勉強していくうち，友達の意見を聞いたりして自分の考えが変わったことがあれば，それもぜひ書くといいですね。

| 準備物 | ・教科書P134「この本，読もう」の本や，P266-269「物語の世界を作る表現」として紹介されている作品の本を何冊か（紹介用）
・付箋やメモ用紙（必要に応じて） |
| I C T | 宮沢賢治の他の作品を，1つは学級全体で共有したい。教師の読み聞かせも1つの方法であり，読み聞かせをする本の挿絵を児童のタブレットを使って，手元で見られるようにしておくとよい。 |

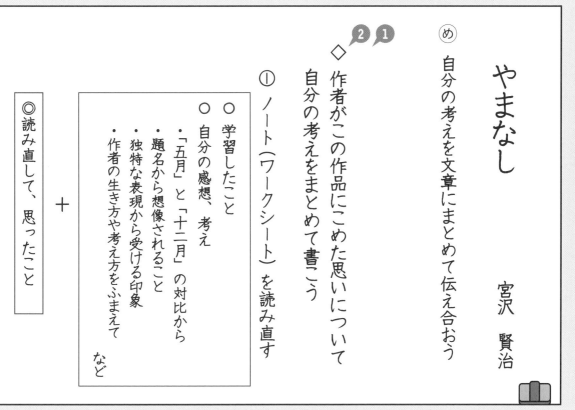

【板書】

め　やまなし　宮沢　賢治

自分の考えを文章にまとめて伝え合おう

2 1

◇　作者がこの作品にこめた思いについて
自分の考えをまとめて書こう

① ノート（ワークシート）を読み直す

○ 学習したこと
○ 自分の感想，考え
・「五月」と「十二月」の対比から
・題名から想像されること
・独特な表現から受ける印象
・作者の生き方や考え方をふまえて
など

◎読み直して、思ったこと

＋

---

3 書いた文章を読み合おう。

T　書いた文章を読み合いましょう。
C　同じ意見のところがある！
C　最初難しかった，っていう人が他にもいた！
T　読んだら，相手に感想を伝えましょう。

そうか，やっぱりクラムボンはあわかなあ。

ぼくは，小さな生き物かと思ったけど…。

クラスの実態に応じてペアやグループなどで読み合う。それぞれの文章を机に置き，全員が席を立って次々に読んでいくという方法もある。この場合，付箋紙やメモを置いて，感想を書き残すようにするとよい。

T　もし，意見が同じだったり，違ったりしたところ，また，「いいな」と思ったところが言えると読んでもらったかいがありますね。

4 『やまなし』の勉強をした感想を交流しよう。

T　最後に，『やまなし』の勉強をした感想を交流して終わりましょう。

文章にするのが難しかった。でも，書いたから自分の考えが変わったことがよく分かりました。

やっぱり，人によって印象に残った部分が違うなあと思いました。

T　作者の宮沢賢治についてはどうですか。
C　その人の人生が作品に出るんだなあと思った。
C　作者のことを分かって読むと，別の見方ができておもしろかった。特徴的な表現や言葉も…。他の賢治の作品も読んでみたいなあ。
T　教科書の後ろの方（P266-269）に「色や音，場面の様子などの表現」が豊かに用いられている宮沢賢治の作品が載っています。読んでみるといいですね。
　　あわせて，教科書P134の「この本，読もう」の本も紹介し，本を読むことに興味と意欲をもたせる。

ワークシート　やまなし／イーハトーヴの夢

やまなし　　　　　　　　　　名前（　　　　　）

● 「五月」の谷川の情景や出来事の様子を、作者の独特な表現に着目して書き出し、感じたことや考えたことをまとめましょう。

谷川の様子 （出来事の後）	かにの様子 （出来事の後）	出来事 （上から来たもの）	かにの様子 （出来事の前）	谷川の様子 （出来事の前）	様子
					感じたこと・考えたこと

喜楽研

ワークシート　やまなし／イーハトーヴの夢

やまなし　　　　　　　　　　名前（　　　　　）

(1) 「五月」と「十二月」にえがかれていることを表に整理しましょう。出来事、谷川の様子、かにの様子のちがいを見つけましょう。

五月

十二月

(2) 作者は、なぜ「やまなし」という題名をつけたのでしょう。理由を考えて書きましょう。

喜楽研

漢字の広場 ③

全授業時間 1 時間

◎ 指導目標 ◎

・第5学年までに配当されている漢字を書き，文や文章の中で使うことができる。
・書き表し方などに着目して，文や文章を整えることができる。

◎ 指導にあたって ◎

① 教材について

　　作文が苦手な児童は，「文章を書きましょう」というだけで抵抗を感じてしまいます。さらにここでは，「作家になったつもりで」物語を書くことが求められています。ただし，この学習の目標は，これまでに学習した漢字の復習です。それを教師が常に頭の中に留めて，作文の内容の質を問うことなく，漢字が正しく読み書きできているか，漢字の意味を理解しているかということに主眼をおきましょう。

　　全体で一斉に読む，二人組でどのようなお話になるかを想像することを通して，漢字に親しむことが大切です。

② 個別最適な学び・協働的な学びのために

　　この教材の狙いは前学年までの配当漢字の復習です。この単元では，「作家になったつもりで」という条件がついています。児童にとっては，条件がある方がイメージしやすくなるかもしれません。文作りの前に，「どのようなお話が想像できますか」と問いかけ，自由にお話を想像する活動を取り入れるとよいでしょう。そうすることで，文作りが苦手な児童もイメージしやすくなるでしょう。文作りをした後，それぞれが作った文を交流し合います。1時間の配当のため，重点的に復習する漢字を選んだり，作文が進まない児童には友達が作った文を写したりしてもよいことにするなどの対応を考えます。

知識 及び 技能	第5学年までに配当されている漢字を書き，文や文章の中で使っている。
思考力，判断力，表現力等	「書くこと」において，書き表し方などに着目して，文や文章を整えている。
主体的に学習に取り組む態度	積極的に第5学年までに配当されている漢字を使い，これまでの学習をいかして物語を書こうとしている。

◎ 学 習 指 導 計 画　　全 1 時間 ◎

次	時	学習活動	指導上の留意点
1	1	・5年生までに学習した漢字を声に出して正しく読む。 ・教科書の絵を見て，主人公や登場人物の行動から，作家になったつもりでストーリーを考える。 ・提示された言葉を使い，5年生までに習った漢字を，意味を考えながら正しく用いて，例文を参考に，絵に合った物語を書く。	・声に出してこれまでに学習した漢字を正しく読めるかどうかをペアでチェックし合う。間違えたり，正しく読めなかったりした漢字は，くり返して読む練習をさせる。 ・ペアの人と挿絵からお話を想像して，自由に話す場を設定する。

本時の目標　第5学年までに学習した漢字を使って，作家になったつもりでお話を書くことができる。

板書例

条件
① 書かれている漢字をできるだけ多く使う
② 作家になったつもりで書く

③

① ある日、まほう使いのところに、友達からの 招待状 を鳥がとどけに来ました。まほう使いは、自分の 飼う ねこも連れて行くことにしました。

② まほう使いが、まほうのつえをふると、空飛ぶ船が 現れ ました。

③ 空飛ぶ船のおかげで、まほう使いとねこは、 快適 に 移動 ができました。

④ 気象 の急変で、船は 暴風雨 にまきこまれました。 非常事態 です。

・・・

※児童に書きに来させる。
※教科書提示の漢字は，後で教師が読み上げるとき，カードを貼るか赤で囲むとよい。

POINT　ペアやグループの人と挿絵からどのようなお話が想像できるかを話し合い，イメージを十分膨らませる。書く時間も十分

1 漢字の読み方を確かめよう。どのような場面なのか想像しよう。

T　5年生までに習った漢字が出ています。ペアで読み方を確かめましょう。

じゃあ，ぼくから読んでみるね。「しょうたいじょう」，「かう」，「あらわれる」…。

完璧に読むことができているね。

まず，提示されている漢字を，ペアや全員などで声に出して読み，読み方を確かめ合う。

T　絵からどのようなお話が想像できますか。
C　魔法使いの冒険のお話だね。
C　困ったときに魔法を使って解決していくお話。
C　最後は無事に友達と楽しくパーティーができるようになるお話だね。

絵から想像できることをできるだけたくさん発表させる。これが，あとで文章を考えるときのヒントとなる。

2 本時の活動の目的と流れを確かめよう。

T　出ている漢字を使って文章を書いてもらいます。あと1つ，条件があります。分かりますか。

「作家になったつもりで」文章を書きます。

魔法使いの物語を書きます。

ここで本時のめあてと条件を板書する。

T　教科書の例文をみんなで読んでみましょう。
C　「ある日，まほう使いのもとに，友達から招待状が届きました。」
C　一番初めの絵のことが書いてあるね。

T　では，出ている漢字を使って，この物語の続きを書いていきましょう。

準備物	・漢字カード QR ・教科書P135の挿絵（黒板掲示用）または，黒板掲示用イラスト QR ・国語辞典

| ICT | 5年生までに学習した漢字を，タブレットのシートにフラッシュカードとして作成しておき活用するとよい。継続的に復習をし，定着を図りたい。 |

漢字の広場 ③

〔め〕五年生までの漢字を使って、物語を書こう

①

②
◇ 作家になったつもりで、物語を書こう

（例）ある日、まほう使いのもとに、友達から招待状が届きました。

（漢字カードのイラスト）

招待状／現れる／飼う／移動／快適／暴風雨／気象／墓場／破損／殺風景／非常事態／迷う／限界／険しい／独り／救助／枝／感謝／正義／絶望／夢／博識／質問／喜ぶ／久しぶり／再会

※〈漢字カードの使い方〉まず，教科書の挿絵（または，QR コンテンツのイラスト）の上に漢字カードを貼っておく。児童が文作りに使用したカードを移動させると，使用していない残りの漢字がすぐに分かる。

取って，既習漢字の定着を図る。

3 作家になったつもりで，物語の文章を書いてみよう。

T　絵の中の魔法使いは，どのような冒険をするでしょうか。作家になったつもりで物語を書きましょう。できるだけたくさんの漢字を使って，文章を書いていきましょう。

吹き出し：「　」を使って，気持ちが分かる文を書いてみよう。

吹き出し：絵には描いていないけれど，前後がつながるように想像して文を書こう。

初めのいくつかの場面については，早くできた児童の文章を確認して，よければ前に何人か書きに来させてもよい。書き進められない児童の支援となる。何人か前に来させて見本で書かせた後は，各自でノートに書いていかせる。

T　物語が書けたら，出てきた漢字をできるだけ使っているか，お話がうまくつながっているか，声に出して読んで見直しましょう。

4 書いた文章を交流しよう。

T　出来上がった文章を友達と読み合いましょう。

作った文章をペアやグループの人と読み合い，文章をよりよくするためにアドバイスし合い，交流させる。

吹き出し：山田さんの文章は，とても上手だね。私も真似させて。

吹き出し：前川さんの文章は，もっと会話文を入れて書くと，様子が分かるようになるよ。

時間が足りないことも考えられる。グループの中でノートを回す，グループの中でおすすめの文章を1つずつ紹介するなどの工夫もする。友達と交流する中で思いついたことを，自分の文章にいかして書き直しする時間をとってもよい。

また，時間があれば，全体交流で，それぞれのグループで完成させた物語を発表するのもよい。

熟語の成り立ち

◎ 指導目標 ◎

・語句の構成や変化について理解することができる。
・第6学年までに配当されている漢字を読むとともに，漸次書き，文や文章の中で使うことができる。

◎ 指導にあたって ◎

① 教材について

　4年生のときに，二字熟語の意味と成り立ちについて学習しています。本単元は，この学習を振り返り，三字や四字以上の熟語の成り立ちも考えて，熟語の成り立ちについてのまとめの学習となります。熟語の組み合わせを分類することによって，熟語を構造的に認識し効果的に使用する力をつけていきます。熟語を構造的にとらえていくことは，用語の意味を正しく理解するために有効であり，今後の様々な学習にいかせるものです。学習したことを使い，知っている熟語をつなげてできるだけ長い熟語を作るといった活動で，造語や読解の能力を高めます。

② 個別最適な学び・協働的な学びのために

　日本語にとって漢字は重要な要素です。そして，熟語を使いこなすことでその漢字の可能性を大きく広げることができます。

　ぜひ，この教材を通して，より熟語を理解し，使う楽しさを味わわせ，主体的に使いこなす児童になってもらいたいものです。また，交流を通して，同じ熟語でも人によって使い方やとらえ方が違うことを実感すれば，深い学びにもつながるでしょう。

　なお，古くから慣用的に用いられている「有言実行」などの四字熟語は，教訓や戒め、風刺や状況などの様々な意味を含むものであり，知っておくと今後の人生に役立つものがたくさんあります。例えば，危機一髪・猪突猛進・沈思黙考・起承転結・朝令暮改，などの四字熟語を会得していれば，様々な場面で事実を一般化してとらえたり，表現したりすることができます。教科書では記載されていない内容ですが，本稿の授業案では「特別な四字熟語」として取り上げています。

知識 及び 技能	・第6学年までに配当されている漢字を読むとともに，漸次書き，文や文章の中で使っている。 ・語句の構成や変化について理解している。
主体的に学習に取り組む態度	進んで熟語の構成についての理解を深め，学習課題に沿って熟語を探したり組み合わせを考えたりしようとしている。

◎ 学習指導計画　全2時間 ◎

次	時	学習活動	指導上の留意点
1	1	・二字熟語の成り立ちについて考え，熟語を分類する。 ・三字熟語の成り立ちについて考えて特徴をとらえ，熟語を分類する。	・学習のめあてを提示する前に3つの熟語の違いを問いかけ，学習への意欲を高めさせる。 ・漢字辞典で意味を調べたり，訓読みの読み方を手がかりにしたりして考えさせる。 ・二字熟語＋漢字一字を基本にして考えさせる。
	2	・四字熟語の成り立ちについて考え，熟語を分類する。 ・特別な四字熟語を使って文を作る。 ・教科書や新聞などの例を使って三字以上の熟語を確かめ，長い熟語を作る。	・一字の集まりから成る場合と，熟語の組み合わせから成る場合があることに気づかせる。 ・身の回りから三字以上の熟語を探し，区切りを入れながらその組み合わせや意味を考えていく。 ・知っている熟語をつなげて，長い熟語を作らせる。

熟語の成り立ち

第❶時（1/2）

本時の目標　熟語の成り立ちに関心をもち，二字熟語と三字熟語の構成について理解することができる。

板書例

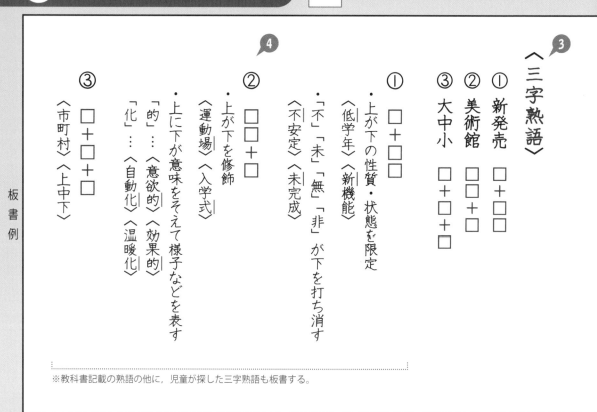

❸ 〈三字熟語〉
① 新発売　□＋□□
② 美術館　□□＋□
③ 大中小　□＋□＋□

① □＋□□
・上が下の性質・状態を限定
　〈低学年〉〈新機能〉
・「不」「未」「無」「非」が下を打ち消す
　〈不安定〉〈未完成〉

❹ ② □□＋□
・上が下を修飾
　〈運動場〉〈入学式〉
「化」…〈自動化〉〈温暖化〉
「的」…〈意欲的〉〈効果的〉
・上に下が意味をそえて様子などを表す

③ □＋□＋□
　〈市町村〉〈上中下〉

※教科書記載の熟語の他に，児童が探した三字熟語も板書する。

POINT　漢字の関係を示す記号や訓読みの読み方，三字の区切り方などを手がかりにしながら，理解を深めていく。

1 二字熟語の成り立ちについて確かめよう。

「救助」「明暗」「長短」と板書する。

T　3つの熟語の中で漢字の組み合わせが他と異なるものはどれでしょう。漢字辞典で調べてもいいですよ。
C　「明暗」「長短」は二字がそれぞれ反対の意味です。
C　「救助」は二字が同じ意味だからこれだけ違います。
T　二字熟語の成り立ちについて確かめましょう。
　　教科書P136上段を読み，4年生で既習の二字熟語の4つの成り立ちを確かめ合う。

T　教科書の①～④の2つの漢字の組み合わせ方を，記号を使って表してみます。

似た意味が「＝」で，対の意味が「↔」だね。

上から下を読むとき「↓」，下から上に読むときが「↑」。記号があると分かりやすいね。

一字一字に漢字を分け，記号で関係性を示して見せる。

2 漢字の意味を調べて，二字熟語を分類しよう。

T　「忠誠」は4つのうちどの組み合わせになりますか。漢字の意味を考えて分類してみましょう。

忠も誠も「まこと」「まごころ」の意味です

「忠誠」は，①の似た意味の組み合わせです。

T　分からなければ，漢字辞典で意味を調べましょう。訓読みにするとよく分かる熟語もあります。
C　「強敵」は，強い敵で，③の上が下を修飾している。
C　「養蚕」は，蚕を養うだから④の「～を」が下に来る組み合わせです。訓読みにするとよく分かります。
C　「玉石」はどうかな，どんな意味だろう。
T　分からない場合は国語辞典でも調べてみましょう。
C　すぐれたものとつまらないもの，という意味だから②の意味が反対の組み合わせだね。

T　1の熟語を，4つの成り立ちの記号を使って書きましょう。（教科書P306を見て答え合わせをする）

| 準備物 | ・ワークシート（児童数）**QR**
・漢字辞典，国語辞典 |

ICT 漢字辞典や国語辞典だけでなく，ネットの検索でも熟語を調べさせ，辞典と比較するとよい。ネットとの意味の違いを理解することも大切である。

熟語の成り立ち

め 二字と三字の熟語の成り立ちを理解し、同じ組み合わせの熟語を探そう

❶ 〈二字熟語〉

① 似た意味
　寒＝冷　（救助）

② 意味が対（反対）
　縦⇔横　（明暗）（長短）

③ 上が下を修飾
　山→頂　山の頂き

④ 「―を」「―に」が下に来る
　洗↑顔　顔を洗う

❷
① 忠＝誠　自＝己　仁＝愛
② 玉⇔石　苦⇔楽
③ 強⇔敵　温⇔泉　裏⇔庭
④ 養←蚕　除←雪

---

③ 三字熟語の成り立ちについて知り、□＋□□の熟語を探そう。

T　三字熟語には，□＋□□，□□＋□，□＋□＋□の３つの組み合わせがあります。

T　次の三字の熟語「新発売」「美術館」「大中小」を，意味を考えて分けてみましょう。

「美術館」は「美術」と「館」です。

「新発売」は，「新」と「発売」です。

「大中小」はそれぞれ一語ずつに分かれます。

教科書で漢字三字の熟語①〜③を順に確かめる。

T　まず，①の□＋□□の組み合わせの漢字には，どんなものがあるでしょう。

C　下の状態を限定するものと，下を打ち消すものがあります。打ち消すものには，「不，未，無，非」の漢字が使われています。

T　①と同じ組み合わせの三字の熟語を探して「＋」を使って書いてみましょう。

C　新＋機能＝新機能，未＋完成＝未完成。書けた！

④ □□＋□，□＋□＋□の三字熟語について考え，探してみよう。

T　②の□□＋□の熟語にも，２種類の成り立ちがありますね。

「運動場」は，上が下を修飾して，物事の名前になるもの。

「意欲的」「自動化」は，下の語が意味をそえて，様子や状態を表すもの。

T　②と同じ組み合わせの三字熟語を探して，「＋」を使って書いてみましょう。

C　「入学式」は入学＋式。上が下を修飾しています。

C　「動物園」は動物＋園で，上が下を修飾している。

C　「的」「化」がつく熟語は，温暖＋化で「温暖化」。

C　「効果的」も効果＋的の組み合わせです。

T　③の□＋□＋□の熟語も探してみましょう。

C　「上中下」があります。

時間があれば，ワークシート **QR** に取り組ませる。

熟語の成り立ち

第 2 時 (2/2)

板書例

2

〈海水浴客〉 … 海水浴 ＋ 客

〈宇宙飛行士〉 … 宇宙 ＋ 飛行 ＋ 士

特別な四字熟語

〈弱肉強食〉
〈有言実行〉
〈以心伝心〉 など

☆ 特別な四字熟語を使って文を作ろう

3

◇ 長い熟語をさがそう

・花鳥風月
・直角二等辺三角形
・石油化学工業
※

4

◇ 長い熟語を作ろう

・全国小学生合唱発表会
・自然環境保護活動
※

※児童の発表を板書する。

POINT　熟語の区切りを考えることで，一見複雑に見える熟語の意味がとらえやすくなることに気づかせる。

1　四字以上の熟語の成り立ちを調べよう。

T　熟語クイズです。□にどんな漢字が入るか考えましょう。

□□夏
□通秋
動□□
車全冬
□□
場

1つ目は，春夏秋冬。
2つ目は，交通安全。
3つ目は，自動車工場だね。

四字熟語と五字熟語だ。

T　4つ以上の漢字が集まった熟語もあるのです。四字以上の熟語はどんな成り立ちになっているでしょう。

C　「春夏秋冬」は，一字ずつの集まりです。

C　「交通安全」は，二字ずつだね。

教科書 P137 を読み，どれも，いくつかの語と熟語が組み合わさったものであることを確認する。

T　教科書の例をノートに書き写し，最初のクイズ問題も「＋」を使って組み合わせを考えてみましょう。

ここで，ワークシート QR に取り組ませてもよい。

2　四字熟語を使って文を作ろう。

弱肉強食，有言実行など，四字が1つのまとまりとして特別な意味をもつ熟語もあることを簡単に説明する。

T　この四字熟語を使って，簡単な文を作りましょう。

動物の世界は弱肉強食だ。

みんなの前で宣言した目標は有言実行で達成したい。

弱肉強食

有言実行

T　他にも，自分で四字熟語を選んで，文を書いてみましょう。国語辞典で調べてもいいですよ。

C　「一日千秋」を使って「一日千秋の思いで待っている。」

C　「十人十色」で，「みんな同じ風景を描いたのに，十人十色の絵ができました。」

実態によって，四字熟語は，以心伝心，危機一髪，起承転結など教師の方でいくつか準備しておき掲示するのもよい。

熟語の成り立ち

め 四字以上の熟語の成り立ちを理解しよう
長い熟語を探したり作ったりしよう

① 〈熟語クイズ〉

㋐ 春夏秋冬 … 春＋夏＋秋＋冬

㋑ 交通安全 … 交通＋安全

㋒ 自動車工場 … 自動車＋工場

〈漢字四字以上の熟語〉

① 一字の語の集まりから成る熟語
〈都道府県〉… 都＋道＋府＋県

② いくつかの語の集まりから成る熟語
〈株式会社〉… 株式＋会社

---

3 三字以上の長い熟語を探し，いくつの語から成り立っているか考えよう。

T 身の回りに，三字以上の熟語やもっと長い熟語がないか調べましょう。

C うんと長い熟語を見つけたい！

社会科，算数，理科の教科書や，新聞のコピー（配布）などの中から調べさせ，調べた熟語をノートに書かせる。

「石油化学工業」なら六字です。石油＋化学＋工業。

「三角形」は三字（三角＋形）。それから，「直角二等辺三角形」は八字。直角＋二＋等辺＋三角＋形で５つに分けられます。

T 「花鳥風月」（黒板に書いて読む）はどうですか。

C 花＋鳥＋風＋月，一字の語の集まりの熟語です。

どんな意味か，調べさせる。

4 三字以上の長い熟語を作ってみよう。

T 語や熟語を組み合わせて，長い熟語を自分で考えて作ってみましょう。

T 現実にはなくても，自分で作った言葉でもいいですよ。例えば「自然環境保護活動」。

教師が例を示して，作り方をイメージさせる。

１つ考えました。「衆議院議員総選挙」。

「全国小学生合唱発表会」。十字です。

「第一回都道府県小中学校保健調査報告」。十七字の熟語ができました。

T 熟語をつなげると，新しい言葉ができます。私たちの周りにある言葉もこのようにしてできています。区切りを考えると意味が分かりやすくなりますね。

ワークシート　熟語の成り立ち

熟語の成り立ち　①　　　　　　　名前（　　　　　　　　　　）

(1)　次の熟語と同じ組み合わせのものを、[　　]から選んで記号を書きましょう。

① 古都（　　）　② 損得（　　）

③ 絵画（　　）　④ 納税（　　）

⑤ 防犯（　　）　⑥ 読書（　　）

⑦ 勝負（　　）　⑧ 海水（　　）

⑨ 投球（　　）　⑩ 暗黒（　　）

⑪ 寒冷（　　）　⑫ 白紙（　　）

[⑦ 左右　⑦ 豊富　⑨ 温風　⑨ 登山]

(2)　次の三字の熟語の形は、⑦〜⑨のうち、どれにあてはまりますか。一つ選んで記号を書きましょう。

① 国際化（　　）　② 衣食住（　　）

③ 大発生（　　）　④ 高学年（　　）

⑤ 警察署（　　）　⑥ 可能性（　　）

⑦ 陸海空（　　）　⑧ 映画館（　　）

[⑦ 一字 ＋ 一字 ＋ 一字
⑦ 一字 ＋ 二字
⑨ 二字 ＋ 一字]

(3)　「不・未・非・無」から□に合う漢字を選んで、三字の熟語を作りましょう。

① □可能　② □解決

③ □制限　④ □自然

⑤ □常識　⑥ □完成

⑦ □成年　⑧ □課税

(4)　「的・化」から□に合う漢字を選んで、書きましょう。

① 理想□な社会を目指す。

② 機械の自動□がすすむ。

③ 積極□に課題に取り組む。

④ 好意□な意見が多い。

⑤ 温暖□のえいきょうは明らかだ。

喜楽研

204

［ワークシート］熟語の成り立ち

熟語の成り立ち　②　　　　　　　名前（　　　　　　　　　）

(1)　次の熟語は、いくつの語が集まってできていますか。（例）のように書きましょう。

（例）株式会社　（株式）＋（会社）

①　都道府県

（　　　　　）＋（　　　　　）＋（　　　　　）＋（　　　　　）

②　天気予報

（　　　　　）＋（　　　　　）

③　世界遺産

（　　　　　）＋（　　　　　）

④　歴史研究家

（　　　　　）＋（　　　　　）＋（　　　　　）

⑤　特別天然記念物

（　　　　　）＋（　　　　　）＋（　　　　　）＋（　　　　　）

(2)　漢字三字以上の熟語を身の回りで探して書きましょう。

（　　　　　　　　　　　　　　　　　　　　　　　　　）

(3)　長い熟語を作ってみましょう。

（　　　　　　　　　　　　　　　　　　　　　　　　　）

喜楽研

著者紹介（敬称略）

【著　者】

松森 靖行　高槻市立清水小学校教諭

入澤 佳菜　奈良教育大学附属小学校教諭

江﨑 高英　神戸市立春日台小学校校長

鈴木 啓史　奈良教育大学附属小学校教諭

羽田 純一　元京都府公立小学校教諭

*2024 年 3 月現在

【特別映像・特別寄稿】

菊池 省三　教育実践研究家

岡 篤　　　元神戸市公立小学校教諭

旧版『喜楽研の DVD つき授業シリーズ　新版　全授業の板書例と展開がわかる DVD からすぐ使える
〜菊池 省三・岡 篤の授業実践の特別映像つき〜　まるごと授業国語 6 年（上)』（2020 年刊）
【著　者】（五十音順）
　入澤 佳菜
　岡 篤
　菊池 省三
　鈴木 啓史
　田中 稔也
　南山 拓也
【撮影協力】
　（菊地 省三　特別映像）　有限会社オフィスハル
　（岡 篤　特別映像）　　　井本 彰
　河野 修三

喜楽研の QR コードつき授業シリーズ

改訂新版

板書と授業展開がよくわかる

まるごと授業　国語　6年（上）

2024 年 3 月 15 日　　　第 1 刷発行

著　　　者：松森 靖行　入澤 佳菜　江﨑 高英　鈴木 啓史　羽田 純一
寄稿文著者：菊池 省三　岡 篤
イラスト：山口 亜耶
企画・編集：原田 善造（他 10 名）
編　　　集：わかる喜び学ぶ楽しさを創造する教育研究所　中川 瑞枝
発　行　者：岸本 なおこ
発　行　所：喜楽研（わかる喜び学ぶ楽しさを創造する教育研究所）
　　　　　　〒 604-0854 京都府京都市中京区二条通東洞院西入仁王門町 26-1
　　　　　　TEL　075-213-7701　FAX　075-213-7706
　　　　　　HP　https://www.kirakuken.co.jp
印　　　刷：創栄図書印刷株式会社

ISBN：978-4-86277-464-4　　　　　　　　　　　　　　　　　Printed in Japan